教育部刑法课程虚拟教研室
北京大学犯罪问题研究中心
武汉大学法学院
北京市盈科律师事务所

共同出品

贿赂犯罪的理论与实务
全国青年刑法学者实务论坛（三）

车 浩 何荣功 主编
蔡 颖 赵春雨 副主编

刑法新青年

北京大学出版社
PEKING UNIVERSITY PRESS

图书在版编目(CIP)数据

贿赂犯罪的理论与实务 / 车浩, 何荣功主编.
北京：北京大学出版社, 2024. 12. -- (全国青年刑法学者实务论坛). -- ISBN 978-7-301-35725-5
Ⅰ. D924.392.4
中国国家版本馆 CIP 数据核字第 2024Y6K155 号

书　　　名	贿赂犯罪的理论与实务：全国青年刑法学者实务论坛（三） HUILU FANZUI DE LILUN YU SHIWU: QUANGUO QINGNIAN XINGFA XUEZHE SHIWU LUNTAN (SAN)
著作责任者	车　浩　何荣功　主编
责 任 编 辑	潘菁琪　方尔埼
标 准 书 号	ISBN 978-7-301-35725-5
出 版 发 行	北京大学出版社
地　　　址	北京市海淀区成府路 205 号　100871
网　　　址	http://www.pup.cn　http://www.yandayuanzhao.com
电 子 邮 箱	编辑部 yandayuanzhao@pup.cn　总编室 zpup@pup.cn
新 浪 微 博	@北京大学出版社　@北大出版社燕大元照法律图书
电　　　话	邮购部 010-62752015　发行部 010-62750672 编辑部 010-62117788
印 　刷 　者	三河市北燕印装有限公司
经 　销 　者	新华书店
	650 毫米×980 毫米　16 开　14 印张　154 千字 2024 年 12 月第 1 版　2024 年 12 月第 1 次印刷
定　　　价	59.00 元

未经许可，不得以任何方式复制或抄袭本书之部分或全部内容。
版权所有，侵权必究
举报电话：010-62752024　电子邮箱：fd@pup.cn
图书如有印装质量问题，请与出版部联系，电话：010-62756370

"刑法新青年"总序

让青年学者的光芒被看见

1949年中华人民共和国成立以来,历经几代学者的艰辛探索,累积几代学者的卓越贡献,刑法学在构建理论和指导实践两个维度,均取得了长足进步,但近年来也都开始面临瓶颈。一方面,一些源于实践但未能提升的经验性知识难脱碎片化和常识性,不能满足理论体系化和纵深发展的内在需求。另一方面,中国社会每年有数百万起刑事案件,疑难复杂问题层出不穷,司法前线亟须理论驰援。然失之于粗疏的传统学说无力应战,解释力捉襟见肘,说服力常显不足。当代中国刑法学在前进中,逐渐抵达旧有研究范式的边界。

突破边界的希望在青年刑法学者身上。青年代表着活力和创新。青年时期的作品未必成熟,却是一个学者最有锐气和激情的探索,预示着一个学科临界知识的裂变,可遥见个人未来学术巅峰的气象。立足于前辈学者积累的传统,受益于学术开放的新风,当代青年刑法学者起点更高,比较法的视野更加开阔,学术训练更加规范,是深耕概念体系、探索前沿法理、促进刑法理论纵深发展的先锋。

不仅在理论发展上,青年学者还被寄托了沟通实践的希望。刑法理论面对的,固然有所有时代共同面临的深刻的哲学和伦理问题，但与时俱变的实定法底色，决定了它更需要面对当下时代最紧迫的社会问题。在这个意义上，部门法理论有着独特的任务，它不能"躲进小楼成一统"，成为仅供同道中人哲思之乐的逻辑游戏，更不是移植国外理论亦步亦趋的"留声机"，它必须为本国的司法实践提供解决具体问题的理论方案。有更多机会接触到各国先进刑法理论与判例经验的青年学者，也有更大的责任推动理论的本土化与实务化。这不仅是中国刑法学实现学术自主的必由之路，也是青年刑法学者不能回避的学术使命和社会责任。

尽管青年学者有诸多重要角色和使命，当下学界的生态，却往往是青年学者处在"出头不易""不被看见"的窘境。大多数时候，他们的光芒都被遮蔽了。一方面，学者的研究成果多以论文形式面世，各种职称评定、学术评奖也常与论文挂钩，因此，论文发表对青年学者至关重要。但是，法学期刊版面有限、僧多粥少，发表殊为不易。对于要处理海量来稿的编辑而言，以声誉背书的名家稿件，确实会占据一些降低选检成本的优势。与之相比，尚未成名的青年学者的稿件，只能纯粹依靠论文水准比其他人明显高出一筹，才可能得到编辑的青睐，其难度可想而知。这也常导致一些优秀的论文成为遗珠。另一方面，各种会议、论坛、沙龙，是学者之间交流思想、切磋经验甚至华山论剑的重要机会，但是绝大部分青年学者在这些场合很难出头露面，而只能充当听众和分母。在学界与实务界的沟通上也是如此。无论是立法、司法活动还是律师、法务实务，往往将橄榄枝递向了名家大咖。青年学者很少有了解实践中的真问题和经验智慧的渠道。很多青年学者的文章被批评"翻译腔""不接地气""只会谈外国问题"，其中也有接触实践的机会太少的原因。即使一些研究成果确实为实践中的难点提出了较一些名家观点更有解释力的方案，但同样是因为知名度而人微言轻，不被实务工作者得知或重视。在一定程度上，这又反过来进一步驱使青年学者远离本土实践，因为只有在那个更加趋向纯粹思辨的封闭的概念世界中，青年学者才能为自身及其研究找到存在的意义。

这种论资排辈的沉闷风气应该破除了。打造一个真正以青年刑法学者为主角的学术舞台，让学界和实务界更多地看见青年之光，这就是"刑法新青年"系列学术活动的追求。按照目前的想法，它包括"全国青年刑法学者实务论坛"与"全国青年刑法学者在线讲座"两个系列。线下的"实务论坛"定位在理论与实务的贯通，围绕实务争点，鼓励青年学者运用理论滋养实践需求，也用实践智慧反哺自身的学术研究。线上的"在线讲座"旨在展现青年学者最新的理论探索，鼓励青年学者把个人独思所得的成果，通过在线方式更广泛地传播，使得同道之间有更多相互砥砺的机会，腹心相照，声气相求。"刑法新青年"的这两个系列活动，虽然在理论和实务方面各有侧重，但是共同点在于，它们没有地域之别，也没有门户之见，是专门为全国青年刑法学者量身打造，为全国青年刑法学者一身专属的。

既然是青年学者的活动，就要有青年活动的样子。我寄希望于通过"刑法新青年"的系列活动，开辟"宽严相济"的会议新风。一方面，充分体现对青年学者的礼遇，让青年学者参加学术活动时感受到被尊重。论坛和讲座均采取邀请制，所有受邀者参加活动的费用，包括参加现场会议的交通和食宿费用，以及参加线上讲座的主讲和评议费用，都由邀请方承担。另一方面，从一开始就约定现场办会的规则：（1）所有参会者自行到会和离会，除年长的前辈或者特殊情形外，承办单位一律不安排接送事宜；（2）会场不事先摆放座位顺序，而是由参会者入场前领取自己的座签，入场后随意就座。所有办过会的人都深知，这些细节实是令办会者头疼和费心的事务，有时看似安排得周到妥帖，实际上办会师生的精力都投入其中，很难再有时间坐下来听会学习。长此以往，办会负担令人生畏，学术会议也减弱了其中的学术性。因此，革新会风，不妨就从青年学者的会议开始。

帮助比自己更年轻的青年学者，让他们的光芒被看见，有此想法时，我刚过四十。虽然我也明白，在这个年龄未必适合做这种事情，因为把时间和精力投入自己的研究著述中，对一个学者来说才是最符合学术规划也是收益最大的选择；况且办活动总是要协调各种关系，这对于不善社交的我来说也是个负担。不过，世事无常，回头去看，很多事情都难讲是理性构建、循序渐进的产物，而是自生自发、随缘流转的因果。尽管"青年"的年龄边界在当代观念中一再扩大，但我个人在心态上早有浮生苦短之感。人生无根蒂，飘如陌上尘。及时当勉励，岁月不待人。立言杀敌，行乐积善，都当及时。我体会过青年学者刚出道时的不易，也曾受惠于前辈学者的厚爱提携，当因缘到来时，就不再犹豫。"天下事，在局外呐喊议论，总是无益，必须躬身入局，挺膺负责，乃有成事之可冀。"（曾国藩《挺经》）

北京市盈科律师事务所襄助学术的热情，特别是对青年主题的高度认同，就是我决意起身力行的因缘。赵春雨律师是一位杰出的职业女性，正是在与她的交流中，实务论坛和在线讲座雏形初现。她的爽朗、细腻和大气，让双方的合作愉快顺畅。梅向荣主任的鼎力支持，也让我感受到盈科所的格局和诚意。盈科所青年律师人数众多，朝气蓬勃，恰好能够与"青年与实务"的主题呼应。我关于实务论坛和在线讲座的具体设计方案，以及全方位资助青年学者参加活动的希冀，得到了盈科所积极热情的回应和支持。没有盈科所的参与，在我脑海中的那些想法，至少还要继续徘徊更长的时间才能落地。这是值得感念的因缘际会。

感谢刑法学界的前辈老师。没有前人开风气和指引方向，再有活力的青年，也可能是在走回头路甚至南辕北辙。特别是陈兴良老师宽以待人、乐于奖掖的风范对我影响很大，创办青年主题的学术活动，也得到了他的鼓励和支持。感谢应邀与会的诸多学界同道，作为已经成长起来的学界中坚，愿意来为更加年轻的学者站台鼓掌，甘当绿叶陪衬红花，这是行胜于言的友爱传递。感谢应邀与会的诸多期刊编辑老师，他们的主持和点评，使得这些青年论坛和讲座，在某种意义上成为一场针对青年刑法学者及其最新研究成果的"选秀大会"。感谢来自司法机关和律师事务所的实务界的朋友，没有他们的积极参与，"实务论坛"就会名实不符，落入那种由理论空唱独角戏的传统会议的窠臼中。感谢北京大学出版社特别是编辑杨玉洁女士的友情支持，"刑法新青年"的文字成果，包括实务论坛与在线讲座两个系列，都将以精美的装帧陆续出版面世。

"刑法新青年"是一座由学界、实务界、期刊和图书出版界齐心协力共同打造的学术舞台。台下的观众，有资深的前辈和中坚，有各大期刊和出版社的编辑，有公检法律的实务专家，而舞台上的主角，一直是青年刑法学者。谁都年轻过，谁也不会永远年轻。时光流转，代际更迭，我希望这个舞台能够在接力中持续下去，它将永远属于青年一代。

车　浩

2021 年 4 月 4 日

于京西见山居

目　录

开幕式　/　001

主题报告一　/　014

　　一、报告　/　014

　　　　贿赂犯罪的法益及其处罚边界　/　015

　　二、评议　/　027

　　三、自由讨论　/　047

主题报告二　/　059

　　一、报告　/　059

　　　　"感情投资"型受贿的规范本质与体系解释　/　060

　　二、评议　/　075

　　三、自由讨论　/　097

主题报告三　/　113

　　一、报告　/　113

　　　　转请托型贿赂犯罪居间行为的不法类型与法理内涵　/　115

二、评议 / 127

主题报告四 / 150
　　一、报告 / 150
　　　　权股交易型贿赂犯罪认定新思路 / 151
　　二、评议 / 164
　　三、自由讨论 / 185

闭幕式 / 196

后　记 / 207

开幕式

主持人：何荣功（武汉大学法学院教授）
致辞人：贾　宇（上海市高级人民法院党组书记、院长，中国刑法学研究会会长）
　　　　陈兴良（北京大学博雅讲席教授）
　　　　莫洪宪（武汉大学法学院教授）
　　　　赵春雨（盈科中国区董事会副主任）
　　　　车　浩（北京大学法学院教授）

主持人：何荣功

尊敬的理论界与实务界的各位同仁朋友，亲爱的同学们，大家下午好！在这春意盎然的美好时节，我们在武汉大学隆重召开第三届全国青年刑法学者实务论坛。首先，我代表武汉大学法学院对大家的到来表示最热烈的欢迎。

常言道，心有多高，我们就能飞多远。青年朋友有激情，有理想，能飞远，但青年人的飞翔需要平台，正是为了助力青年刑法学者更好地发展，为了推进刑法理论与实务的深度融合，为了我们的刑法学事业的未来，车浩教授等人领衔创办了全国青年刑法学者实务论坛。该论坛得到了中国刑法学研究会以及贾宇会长的充分肯定，得到了陈兴良老师等前辈老师们的积极提携，得到了实务部门的大力支持，得到了以白岫云老师为代表的编辑老师们的鼎力支持，得到了盈科律师事务所的慷慨相助。包括本届论坛在内，虽然我们只举办了三届，但本论坛在国内已经产生了很好的影响，获得了广泛的赞誉，成为国内标杆性的学术论坛，这是我们大家共同努力的结果。我提议让我们一起将热烈的掌声送给贾宇会长、陈兴良老师等提携我们的前辈老师们，送给论坛的开创者车浩教授，也送给我们自己。

今年[*]2月，中共中央办公厅、国务院办公厅印发了《关于加强新时代法学教育和法学理论研究的意见》强调要创新发展法学理论研究体系，强化法学基础研究，强化全面依法治国实践研究。全国青年刑法学者实务论坛以培养青年人才为己任，以推进刑法学研究的理论与实务深度融合为目标，在这个意义上，论坛是刑法学理论界与实务界，特别是青年刑法学人贯彻落实该意见的重要机制与平台。因时间关系，这里只能简要介绍会议现场的各位嘉宾，介绍结束之后请大家一并鼓掌欢迎。

他们分别是全国人大常委会法工委刑法室许永安副主任，最高人民检察院法律政策研究室吴峤滨处长，最高人民检察院第三检察厅竹莹莹检察官，湖北省高级人民法院刑事审判第二庭程皓庭长，湖北省人民检察院职务犯罪检察部王世凯主任，《中国法学》白岫云编审，《法商研究》田国宝编审，《中国法律评论》易明群主编，北京大学出版社杨玉洁编辑，《法治研究》陈罗兰副主编，盈科律师事务所赵春雨主任，武汉大学法学院莫洪宪教授，北京大学法学院车浩教授，上海社会科学院法学研究所姚建

---

[*] 本届论坛举办的时间为2023年，即文中的"今年""当前"等所指涉的时间点。

龙所长，云南大学法学院高巍教授，东南大学法学院欧阳本祺院长，华东政法大学刑事法学院焦艳鹏教授，中南财经政法大学刑事司法学院童德华教授，华东政法大学刑事法学院姜涛教授，华东政法大学刑事法学院张勇教授，中南财经政法大学刑事司法学院郭泽强教授，清华大学法学院王钢副教授，武汉市武昌区人民检察院赵慧检察长，武汉市蔡甸区人民检察院罗永鑫检察长，襄阳市人民检察院张晶副检察长，京山市人民法院郑娟院长，武汉市监察委员会李媛副主任、方广副主任、刘李海副主任，武汉市江汉区人民检察院刘杰副检察长等来自高校、人大、纪委监委、法院、检察院、律师事务所、期刊和出版行业的100多位朋友，热烈欢迎参会的各位嘉宾。下面有请贾宇会长致辞。

致辞人：贾　宇

朋友们，大家好！武汉大学是我的母校，绿树成荫的珞珈山，碧波荡漾的东湖水，这里令人向往。虽然不能前来参会，但也很高兴能在云端与大家相聚，参加第三届全国青年刑法学者实务论坛。请允许我代表中国刑法学研究会对本届论坛的顺利召开表示热烈的祝贺，向各位线上、线下莅临会议的专家学者表示衷心的感谢。由车浩教授等青年才俊创办的全国青年刑法学者实务论坛，是全国青年刑法学者实务专家搭建的交流共享平台，旨在推动刑法学术界与实务界的紧密对话，交流、分享刑法理论成果和司法实务经验。论坛以习近平法治思想为引领，致力于探索新时代犯罪治理的有效路径，取得了丰硕成果。本届论坛聚焦贿赂犯罪的理论与实务研讨，成果令人期待。

在此我谈三点认识,与大家交流。

第一,着眼国家治理,直面贪腐挑战。习近平总书记在党的二十大报告中强调,腐败是危害党的生命力和战斗力的最大毒瘤,反腐败是最彻底的自我革命。受贿、行贿一起查,加大反腐治理是党中央作出的重要决策部署。当前,行贿人不择手段"围猎"党员干部仍然是腐败的重要原因,贿赂媒介的更新、贿赂方式的变化也为预防和惩治腐败犯罪增加了难度。本届论坛正是在全面从严治党的战略布局下聚焦贿赂犯罪这一问题,致力于加强理论与实务的融合,为反腐败斗争提出法律指引。

第二,着眼实践需求,紧扣实践问题。理论来源于实践,又服务于实践。刑法学理论研究要聚焦破解疑难、复杂法律问题,树立问题研究意识,着力解决困扰司法实践的难题,在实践中检验、深化理论成果。今年的"两高"报告重点强调了有关行贿、受贿犯罪案件的起诉、审结情况。贿赂犯罪仍然面临严峻挑战,问题仍然突出,其中不乏新型案件和重大疑难案件。刑法学研究应切实回应实践需要,力求在实践基础上实现更高水平的理论创新,为治理腐败贡献专家智慧,提供理论支撑。

第三,着眼理论对话,强化理论应用。接地气,才能有底气。刑法理论的建构不是为了追求理论的精妙玄奥,而是追求为实践所用。刑法学理论研究既要借鉴国外法治的有益成果,同时也要立足我国客观实践,避免深陷外国理论的窠臼,脱离我国实际问题。以中国国情为出发点,以中国实践为落脚点,提出真正有用、管用的内容。要努力打破学术与实务之间的沟通壁垒,推动形成具有中国特色的刑法理论。

今天与会的大部分是青年刑法学家，你们代表着活力和创新，你们的成长令人欣喜。中国刑法理论研究的未来寄托于你们，也属于你们。希望大家以习近平法治思想为指导，勇于砥砺奋进，刻苦钻研学问，立时代潮头，观古今变化，发思想先知，担当起中国刑法学发展的重任，让青春之光闪耀在为梦想奋斗的道路上。潮平两岸阔，风正一帆悬。期待各位专家学者在本届论坛中开展深入的对话和交流，使理论和司法实践得到更好的发展。

祝愿本届论坛取得圆满成功。祝大家工作顺利，身体健康，谢谢大家！

主持人：何荣功

贾老师既是我们青年学者的老师，又是我们的会长，也是我们司法界的重要领导，非常感谢贾老师情意绵绵的支持以及对我们的鼓励和期待，下面有请我们敬爱的陈兴良老师致辞。

致辞人：陈兴良

各位嘉宾上午好！在这春暖花开之时，第三届全国青年刑法学者实务论坛在武汉大学隆重举办。本届论坛已是全国青年刑法学者实务论坛的第三届，这表明全国青年刑法学者实务论坛得到了进一步延续，吸引了广大的青年学者以及相关的司法机关人员和律师踊跃参加，具有持久而蓬勃的生命力。我参加了前两届全国青年刑法学者实务论坛，此次由于特殊原因，不能亲临现场参与讨论，倍感遗憾。在此我首先预祝本届全国青年刑法学者实务论坛能够取得圆满成功。本次会议汇聚了各行各界的优秀人才，不仅有来自各高校的青年学者，同时还有来自司法机关的司法人员和从事刑事辩护工作的律师。这些来自不同领域、不同部门的从事刑法理论研究和实务工作的人员共聚一堂，就刑法当中的某些重大理论问题进行研讨，具有非常重要的意义，必然能够为参会者带来一定的启发。

这届实务论坛的主题是"贿赂犯罪的理论与实务"。众所周知，贿赂犯罪是我国刑法中的一类重要犯罪，在近年来的反腐倡廉背景下，贿赂犯罪一直是刑法的打击重点。有关贿赂犯罪的司法解释和指导性案例相对较为完善，为司法机关正确认定贿赂犯罪提供了规范依据。但目前出现了一些较为新颖的贿赂犯罪类型，对贿赂犯罪的认定提出了新问题，可能需要作出进一步的探讨。本届论坛将围绕贿赂犯罪认定中的疑难复杂问题展开讨论，这对提高理论界对于贿赂犯罪的认知能力大有裨益，同时也为司法人员正确认定贿赂犯罪提供了指引。除犯罪认定等实体性问题外，贿赂犯罪的司法认定当中也可能涉及证据问题、程序问题等，这些实体问题和程序问题，在贿赂犯罪的司法认定过程中，需要予以特别关注。我希望本届实务论坛能够立足于我国刑法关于贿赂犯罪的规定，结合相关的司法解释和指导性案例，就贿赂犯罪的某些新兴犯罪类型进行深入研讨，推进贿赂犯罪理论研究的发展，这对于发展我国的刑法教义学具有重要意义。最后预祝本届实务论坛取得圆满成功，谢谢。

主持人：何荣功

陈老师不仅是我们刑法知识的导师，更是我们刑法学研究的精神导师，非常感谢陈老师。下面有请莫洪宪老师致辞。

致辞人：莫洪宪

尊敬的贾宇会长、尊敬的陈兴良教授、尊敬的各位嘉宾，大家下午好！4月的珞珈山正处于一年当中最美好的季节，在这美好的春光里，我们非常荣幸有机会承办第三届全国青年刑法学者实务论坛，并有多位重量级的嘉宾莅临会议。全国青年刑法学者实务论坛是由车浩教授、盈科律师事务所的赵春雨主任共同发起的系列学术活动。论坛以青年学者为主体，融合理论与实务，以弘扬和传承学术为最终的目标。论坛的新理念和新做法开创了一种新型的学术活动模式，让人耳目一新。论坛仅举办过两次会议，就已经成为中国法学界知名度非常高的系列学术活动，形成了良好的品牌效应。基于青年刑法学者实务论坛的吸引力以及扶持青年学者的理念，我们迎来了诸多资深的编辑、学术大家和实务专家，以及数百位优秀的青年刑法学者和实务工作者。在座的也有不少学生，他们是正在成长的青年刑法人。在此，我代表武汉大学刑法学科、马克昌法学基金会对各位嘉宾的到来表示热烈的欢迎。

武汉大学刑法学科是一支青年的研究团队，绝大多数的成员是70后、80后乃至90后。我们的年轻人有多元的留学背景，有扎实的学术功底以及充足的学术动力，更有与学界同行进行交流、向各位学习的热情与需求。在我们敬爱的马先生的指引下，武汉大学刑法学科一直秉持着交流与合作、理论联系实际的精神。马先生在埋头做学问的同时，一直亲自带领着我们与国内外的同行进行深入且广泛的学术交流。他与国内外学术界的诸多名家的学术友谊，已成为学术界的佳话。另外，马先生也身体力行，秉持理论联系实际的治学理念，非常注重用具体的个案推进法治的进步。

全国青年刑法学者实务论坛的核心理念就是跨年龄阶段的学术交流，跨理论与实务的学术对话，这与我们一直秉承的理念是完全契合的。因此，我们特别感谢论坛的主办方，即教育部刑法课程虚拟教研室、北京大学犯罪问题研究中心，感谢车浩教授，感谢赵春雨主任将承办第三届全国青年刑法学者实务论坛的机会给予了武汉大学。

本届论坛选择了既有理论深度又有高度实践意义的会议主题，即"贿赂犯罪的理论与实务"。一批有潜力的年轻人将作为主题报告人和与谈人，诸多资深的学术与实务前辈也将对其报告和与谈进行点评，提出意见。我相信本届论坛一定会取得圆满成功，产生一系列优秀学术成果，并在主题所涉及的范围内产生深远的影响。在此，我再次代表武汉大学刑法学科向刑法理论界和实务界的朋友们发出一份持续有效的邀请：我们始终欢迎各位到武汉大学，到珞珈山与我们进行学术上的交流，我们一定做好服务，让诸位宾至如归，有所收获。祝大家在珞珈山度过愉快而充实的两天，预祝本届论坛圆满成功，谢谢大家。

主持人：何荣功

与贾宇老师和陈兴良老师一样，莫洪宪老师也是我们晚辈学生心中的楷模，感谢莫老师对我们的勉励。下面有请盈科律师事务所中国区董事会主任赵春雨女士致辞。

致辞人：赵春雨

尊敬的各位领导、各位嘉宾、各位法律同仁、青年朋友们：大家下午好！

四月醉芳菲，春色动江城。非常开心在古典而又现代的英雄城市武汉，在枝繁叶茂、百年风华的武汉大学，迎来第三届全国青年刑法学者实务论坛。在此，我受梅向荣主任的嘱托，代表论坛协办方北京市盈科律师事务所，对指导单位中国刑法学研究会及其会长贾宇老师、主办方教育部刑法课程虚拟教研室、北京大学犯罪问题研究中心以及陈兴良教授、车浩教授表达诚挚的敬意和由衷的谢意，感谢各位师长对盈科的信任，给予盈科宝贵的参与机会。同时，也要感谢承办方武汉大学法学院，感谢莫洪宪教授、何荣功教授对本届论坛走进武汉大学的支持，感谢陈金林老师、蔡颖老师的辛勤付出，感谢各位权威的编审老师百忙之中的到来！

首届全国青年刑法学者实务论坛于2019年金秋在浙江大学之江校区成功举办，展现了当代青年刑法学者的新风采，促成了前沿理论对接本土司法的新气象。时光不语，白驹过隙，今年是我与刑法新青年相识相知、共勉共进的第五个年头。在此期间，经历了不平凡的三年，克服了重重困难，迎接了种种挑战，我们有幸见证全国青年刑法学者系列活动薪火相传、生生不息。

全国青年刑法学者实务论坛以青年为主体，以实务为面向，以助推刑法理论与实践相结合为目标。从"诈骗犯罪的理论与实务"到"因果关系的理论与实务"，再到"贿赂犯罪的理论与实务"，三届论坛的主题均直面理论痛点和司法难点，通过多维度、多视角的观点碰撞，为刑法学者深化和创新研究方法提供智慧支撑，为实务工作者科学立法、公正司法和精准释法提供有力指导，恪守了推动新时代刑事法治传承发展的初心。

坚持全面依法治国，推进法治中国建设，司法是维护社会公平正义的最后一道防线。近年来，随着专业化程度和规范化要求的持续提升，刑事案件的侦、控、审水平不断提高，律师群体如何进行有效辩护，在维护当事人合法权益、维护法律的正确实施、维护社会公平正义中发挥出应有的作用，是整个行业共同思考的课题。当前，全国律师已超过 60 万人，这支队伍的专业建设，可谓时不我待，也责无旁贷。

众所周知，"盈科"的渊源来自孟子，"流水之为物也，不盈科不行；君子之志于道也，不成章不达"。流水的本性是不把坑洼注满，就不会向前奔流，以此借喻君子做事像水一样，既要不舍昼夜、志存高远，也要脚踏实地、孜孜不倦。盈科律师事务所作为全球规模最大的律师事务所，当前在中国区设有 111 家办公室，拥有 14725 名执业律师，我们有意愿，也有能力肩负起大所的社会责任，保持对法律的敬畏和对专业的追求，为襄助高质量的学术活动绵尽律政之力，以身作则带动行业健康发展，推动刑事辩护正道向前。

习近平总书记在 2023 年新年贺词中讲到"明天的中国，希望寄予青年"。人生万事须自为，跬步江山即寥廓。再次祝贺第三届全国青年刑法学者实务论坛隆重开幕,愿明天的法治,与诸君携手践行,挺膺担当!

谢谢大家!

主持人:何荣功

教育和学术研究根本上是精神性的事业,但有了物质我们才更有精神,感谢盈科和赵春雨主任让我们更有精神,谢谢!下面有请车浩老师致辞。

致辞人:车 浩

谢谢荣功老师!尊敬的贾宇会长、陈兴良老师、莫洪宪老师、白岫云老师、赵春雨主任,各位领导、各位老师、各位同学、各位与会的嘉宾,大家上午好!

值此第三届全国青年刑法学者实务论坛召开之际,作为论坛的主办方,我对此次活动做几点简要的会议说明。

第一,关于论坛的时间。第三届论坛原定于2022年4月召开,主报告论文早已完成,但因疫情原因,当时在推迟论坛与线上举行之间,最终选择了推迟一年,主报告人与论坛各方均倍感度日如年。但事实证明,线下真实的接触与交流难以取代,长久的等待终未付诸东流。

第二,关于论坛的地点。之前何荣功老师原定安排于武汉大学周边的酒店,以便为嘉宾们提供更好的住宿条件,但在沟通时,我建议在校内举办会议、安排住宿,纵然校内酒店住宿不免陈旧,却能够充分满足参会人员对于武汉大学校园的向往之心和仰慕之情。事实证明,下榻于珞珈山下,在山中讨论、散步,是任何五星级豪华酒店均难以企及的美妙感受。

第三,关于论坛的主题。经过前期向各方征求意见,本届论坛主题定为"贿赂犯罪的理论与实务",这是一个体现了新时代社会综合治理,与刑事立法、司法实践以及刑法理论紧密结合的主题。最近无论是立法抑或司法,都对此予以了高度关注,全国人大常委会法工委、最高法、最高检的诸位领导也都亲临现场,这一议题的重要意义可见一斑。

第四,关于论坛的议程。本届论坛我们设置了四个单元,邀请了四位青年学者和实务专家做主报告发言。较之前两届,我们加长了报告人的时间,也特意延长了自由讨论的时间,希望能够为报告人和与会者提供更多发挥和讨论的空间。四位报告人均系广泛征求各方意见,经过各方推荐后选出,期待他们的精彩发言。

第五,关于论坛的宗旨。本届论坛的两个关键词是理论与实务。对于部门法而言,不存在脱离实务的法教义学,也不存在无须理论指引的法律实务。简言之,刑法学的学术研究和法律实务原本就是紧密结合、融为一体的,而青年刑法学者大多承接和继受国外前沿的理论和案例,因此也格外需要将域外经验与本土实践进行结合,我们也希望论坛能实现这一目标。

最后,我谨代表主办方,以及所有的参会人员,对武汉大学法学院的全力支持,对贾宇会长、陈兴良老师、莫洪宪老师等前辈的厚爱,对何荣功老师、蔡颖老师等会务团队的辛苦付出,也对盈科律师事务所梅向荣主任、赵春雨主任对于学术论坛一以贯之地倾囊相助,对与会的各位实务部门的领导、各大期刊的编辑老师、各位学界同仁、各位教授的出席和支持表示衷心的感谢。最后，也特别感谢各位青年学者，正因为有你们优秀的学术表现，我们才有发起这样一个平台的必要，你们的表现也让我们每一个人都看见了中国刑法学的未来。最后预祝本届论坛取得圆满成功，谢谢大家。

主持人：何荣功

高铭暄老师、马克昌老师等师祖们开创了我们的刑法学事业，贾宇老师、陈兴良老师、张明楷老师、赵秉志老师等前辈推动了刑法学事业的蓬勃发展，我们期待现在和未来的青年刑法学者如车水马龙般发展，浩浩荡荡（简称"车浩"）。

再次感谢各位前辈、嘉宾的支持！各位朋友，开幕式到此结束，下面正式进入今天的研讨环节。

主题报告一

主持人：许永安（全国人大常委会法工委刑法室副主任）
　　　　田国宝（中南财经政法大学刑事司法学院教授、《法商研究》编审）
　　　　焦艳鹏（华东政法大学刑事法学院教授、《法学》编辑）
　　　　张　勇（华东政法大学刑事法学院教授）
　　　　赵　慧（武汉市武昌区人民检察院检察长）
报告人：陈金林（武汉大学法学院副教授）
评议人：徐凌波（南京大学法学院副教授）
　　　　陈少青（对外经济贸易大学法学院助理教授）
　　　　隗　佳（南开大学法学院讲师）
　　　　于靖民（盈科刑辩学院副院长）

一、报告

主持人：许永安

　　大家好！首先，我非常高兴来参加这个论坛，特别是能来到学校；其次，感谢在座的各位专家学者长期以来给我们的支持和关心，同时也希望大家继续关心支持我们的工作；最后也是我们比较关注的，从刑法修改的角度来看，贿赂犯罪、贪污腐败犯罪是刑法修改最多的方面之一，这也是我们一直在深入研究的领域。

所以，我非常高兴能够有这个机会到现场倾听各位青年才俊的报告。因为这个会议涵盖了理论与实务各方面意见，所以对我们来说确实是一个难得的机会，再次表示感谢。下面，我们隆重邀请第一阶段的发言人，武汉大学法学院陈金林老师，他报告的内容是《贿赂犯罪的法益及其处罚边界》。

报告人：陈金林

贿赂犯罪的法益及其处罚边界

各位嘉宾，大家下午好！我尽力装作不紧张的样子，但实际上还是特别紧张。请允许我坐下进行本次报告。我今天报告的主题是《贿赂犯罪的法益及其处罚边界》。接下来从以下五个方面来展开我的分享。第一部分是提出问题，为什么要探讨贿赂犯罪的法益；第二部分是回顾贿赂犯罪本身的概念，虽然我们对贿赂犯罪已经非常熟悉了，但是我觉得还是有必要去回顾它的概念，同时回顾贿赂犯罪的立法史和学说史；第三部分涉及法律学说，我尝试对当前的学说进行批判；第四部分提出我自己的一些观点；第五部分是简短的结论。

首先是为什么要探讨贿赂犯罪的法益问题。有关贿赂犯罪的法益，理论界提出了特别多的学说，我们可以把它称作学术史上的理论万花筒，这个万花筒里面有许多的概念和元素。由于篇幅的限制，我列了比较有代表性的几种，包括职业义务的不可违反性、公务的纯洁性、公务的无偿性、国家费用收缴秩序、国家意志的不可篡改性、公共行政的有效性、公务决定的公正性、公务行为的不可收买性、民众对公职人员公正性及其职务行为实体正当性的信赖、民众对国家或国际制度的信赖、自由且公平的国际或国内竞争秩序，等等。当前无论是国外还是国内，通常而言，都是在前面的理论中抽取一到几个元素，组合成一种综合性的学说来构建自己的观点。目前在中国刑法学界，主要的学说包括了张明楷教授所持的职务行为的不可收买性说、黎宏教授的公正性说、劳东燕教授的职务的不可谋私利说。尽管目前的研究越来越深入，但有关贿赂犯罪的讨论尚未挣脱德国刑法学界提出的基本框架，难以回答从我国特有的制度土壤中生发的问题。

当前，有待解决的问题还有很多，例如为何普通受贿罪不以"谋取不正当利益"为前提，而斡旋受贿和利用影响力受贿罪却要受此限制？为何行贿罪须具有"为谋取不正当利益"的目的？为何行贿罪有因被勒索且未获得不正当利益的免责规定，而对非国家工作人员行贿罪则无相似规定？为何《刑法》规定了单位受贿罪，却未规定非国有单位受贿罪？贿赂犯罪的被害人是谁？涉案贿赂应如何处理？尤其在受贿一方构成犯罪、行贿一方不构成犯罪的前提下，贿赂究竟是予以收缴抑或退回给提供贿赂的人？贿赂犯罪的量刑应考虑哪些情节？

带着这些问题，我们去回顾贿赂犯罪的概念以及它的立法和学说史。实际上，贿赂是一个非常宽泛的概念，在当前，能够以贿赂的方式发生的犯罪是非常多的。除狭义的贿赂犯罪和商业贿赂之外，还涉及国家秘密、情报，公民个人信息，信用卡信息资料，商业秘密，军事秘密，破坏选举，妨害作证，武装叛乱、暴乱，提供虚假的证明文件等。而即便在狭义的贿赂犯罪中讨论这个问题，也具备多样性，比如事前和事后贿赂，枉法型和非枉法型贿赂，财物提供者主动型贿赂和职权享有者主动型贿赂，贿赂提供者获得不正当好处和没有获得不正当好处的贿赂，贿赂究竟是以具体职务行为为前提还是不以其为前提等。鉴于贿赂的多样性，实际上当我们从这种多样性出发来看贿赂犯罪的概念时，不难发现，目前还缺乏一个足够宽泛且包容的贿赂犯罪的概念。因此，需要进一步探讨，在何种意义上认定贿赂才恰当。

  这里有几个比较典型的贿赂犯罪的概念。一个是德国的犯罪学对贿赂犯罪作出的界定，是指"主动或被动地从他人那里为自己或第三人获得好处，并以有利于对方的方式滥用公职、经济中的官能或政治委托，因而威胁或损害公众或企业的利益"。这个概念限定了贿赂概念中受益的人是提供贿赂的人，但是未必非法获取好处，也就是贪赃不枉法的行为，实际未必有利于财物提供者。有一个学者在很大程度上拓展了贿赂的范围，认为贿赂是"将因受托而获得的决定权之行使与特定的好处建立关联并由此引发利益冲突的行为"。但这一定义在中国无法适用，因为它将贿赂行使的条件建立在职权之上，难以涵盖利用影响力受贿或对有影响力的人行贿。在英美法系中比较有代表性的贿赂犯罪的概念是"有影响力或有权力的代理人或机构，为了作出有利于好处提供者的行为或决定，以腐败的方式提供、收受或索要私人好处"。这种概念无法解释为什么立法要对行贿的处罚作一个"为了不正当利益"的限制。所以，基于前述这种贿赂犯罪存在范围的广泛性，以及当前无法对贿赂概念作一个比较包容的解释，我自己对贿赂犯罪作了这样一个界定："以从委托人处直接或间接获得的地位为条件，从该地位直接或间接影响的对象那里获得个人利益。"这个概念没有太多的雄心，并没有尝试在这个概念里面就决定谁是这个犯罪绝对的受益者或者是受损者，但是从这个概念里面可以推导出贿赂必须具备的几个条件。第一个条件是委托人、代理人和客户形成的三角关系，以及委托代理关系中的利益冲突应当是贿赂犯罪必不可少的前提条件。也就是一定得有一个三角结构，这样一个三角结构中会存在利益冲突，有了这种利益冲突，才有可能构成以贿赂作为犯罪形式的犯罪。第二个条件是贿赂犯罪中存在对职权享有者的利益激励机制。无论贿赂的受害人是谁，其中一定有一个受益人，即职权的享有者。从这个概念里，可以推导出的第三个条件是，贿赂只是侵犯特别利益的手段或者是方法，它本身并不特定地指向特别的利益损益关系，究竟损害谁，损害的是什么样的利益，其实我们没有办法直接从贿赂的概念中得出结论。

　　实际上，从比较形象的方式来看，最典型的贿赂犯罪就是行贿罪或受贿罪，他们之间可以形成一种三角关系，即公职人员作为他们的代理人通常也是受贿人，而委托人是谁呢？对国有单位而言，是全体国民。客户是谁呢？客户就是行贿的人，是职权行为所影响的对象。贿赂会引发三者的利益冲突。代理人原本应忠于委托人，以委托人的利益来行使他们的职权，但他并没有去维护委托人的利益，而因为行贿人提供的贿赂，去实施相应的行为。当然这只是最典型的一种犯罪，形成了这样的三角结构。但是有些情形并不存在这种三角结构。比如说非国有单位跟客户之间就不可能形成对应的三角关系，并构成利益冲突。因为非国有单位在跟客户之间形成"贿赂"的时候,并不会危害谁的利益。比如说作为一个公司,别人给我好处,我才给他提供产品或者服务,这是单位本身的一种权利,这是谋利的方式。谁能提供给我足够的好处,我才会考虑跟他发生相关交易。

但是非国家工作人员受贿罪之所以能够形成这种三角关系,是因为非国有单位和非国有单位的工作人员之间能够形成委托代理关系,可以存在利益冲突,这就能够合理地解释为什么不存在非国有单位受贿。斡旋受贿和利用影响力受贿会变得更加复杂。因为最后获取利益的人和拥有职权的人并不是同一个主体,他们经过了一重或者多重的传递,利益关系相对而言变得更加复杂。同时,由于每一次的传递都会损耗相应的利益,所以在这种情形之下,犯罪激励机制会更加脆弱。国有单位受贿也能存在利益冲突的三角结构,因为国有单位并不是最终利益的享有者,最终的利益享有者和具有决定权限的应当是全体国民,或者是全体国民通过法律的方式来行使相关的最终决定权。

通过这种方式,我们可以尝试把直接贿赂犯罪跟其他的犯罪区分开。首先,贿赂犯罪与贪污罪的区别在于,贪污可以直接通过权限获取相关的个人私利。但是,贿赂犯罪必须得有一个行贿人的配合,也即得有一个相对方的配合才能获得相关的利益。其次,在斡旋受贿和利用影响力受贿中,职权和利益之间的关系是间接的,需要通过另一个主体传递,由于传递的过程中每一个主体的利益并非完全介入,必然导致利益的损耗,而这种利益的损耗就会导致利益的激励程度弱于直接贿赂犯罪。

通过借鉴前述的概念，我觉得当前对于贿赂犯罪的探讨，可能会存在一些理论误区。当前，通常而言，都尝试用单一的法律学说去框定贿赂犯罪的犯罪现象。贿赂本身只是一种侵权的形式，而不锁定特定的个人利益。存在哪一些情形呢？第一种情形就是享有职权的人跟财物的提供者共同侵犯委托人的利益。比如说有人收买国家机关工作人员的职务行为，国家机关工作人员侵犯了委托人委托给他的处理相关财产的权限。第二种情形是享有职权的人利用委托人授予的支配权限，迫使他人向自己提供好处，但是行贿人并没有分得不正当的利益。以这种权限为要挟，让对方必须服从自己的要求，提供给自己相应的财富，才实施原本他有权获得的职务行为。有些时候，我们想象中的这种典型的贿赂结构，也有可能发生偏差。比如说我们通常会觉得受贿的人可能是强势的一方，但是有些时候，不一定能够直接推导出这种结论。有时收受贿赂的人也可能是弱势群体，比如说破坏选举罪中，收受贿赂的人跟提供贿赂的人相比，未必是强势的一方。

通过对概念的回顾，我觉得要确立一个基本观念，即只能根据不同领域，结合权力的支配力及其受制约的程度、具体情形下的制约关系、贿赂发生的具体方式、回避贿赂的可能性等因素进行具体分析、综合判断，才能确定贿赂犯罪中，究竟谁的利益、以什么样的形式受到了损害。

在界定了贿赂本身的概念之后，我们看一下当前立法的发展史。当我们把镜头拉得更远的时候，相关的问题可以被观察得更加清晰，所以我们可以在更长的历史阶段来观察相关的立法。在

1974年以前,《德国刑法典》原则上严格区分贪赃枉法型的受贿和非贪赃枉法型的受贿,只有一个例外,那就是法官的行为。所以1974年以前是严格区分制的立法。1974年,当时的立法修改了这种非对称的结构,但是并没有完全改变,只是将法官的行为扩张到了官员的裁量行为。直到1997年,德国通过了新的反腐败法,才开始全面地惩罚针对非违规职务行为提供好处的行为。所以通过对德国立法的回顾,我们可以看出,德国并非我们想象中的一直以来都在对称式地处罚非贪赃枉法型的贿赂。

接下来看法益学说史。德国的贿赂犯罪的法益学说史应该是非常复杂的,Binding认为贿赂包含了对职权所管辖对象的剥削。这个贿赂就是指单纯贪赃而不枉法的贿赂,是对职权所管辖对象的剥削。同时还表明当时枉法型的受贿除对被害人的这种剥削之外,还包含其他本质。这个时候他的观点是能够解释当时的严格区分制的立法的。但是20世纪60年代的时候,德国就开始出现了国家意志篡改说、国家行政的机能说等一系列新学说,这些学说逐渐难以解释当时的立法。国家意志的篡改意味着职务行为本身必须是枉法的,如果是枉法的,通常而言,则表明提供好处的一方和收受好处的一方原则上不构成犯罪。为什么呢?因为没有证据证明已经存在枉法行为,所以国家的意志根本没有被篡改。但是后面的国家行政的机能说开始慢慢偏向民众对于国家公职行使的信赖。只要我们看到有人给国家工作人员提供了财富,就会动摇我们的信赖。所以国家行政的机能说的外部条件开始有了扩张趋向,这与1974年以前的立法并不兼容。后来,随着1974年的立法以及1997年全面对称性的处罚,刑事立法和法律观念开始互相印证和强化，逐渐导向了职务行为行使的纯粹性。所谓纯粹性，即行使职务过程中不可以收取任何意义上的人的好处。但是，即便立法和法益在互相强化，处罚的范围在全面地扩张，德国的理论和实务界依然在反思这种立法究竟是否合适。比如说巴登—符腾堡州能源集团案以及现在德国经常讨论的所谓自卫性的腐败，即对自己的正当利益进行防卫而行使行贿的行为，德国的理论和实践开始考虑这些行为是不是真的要作为犯罪来进行处罚。但是他们的讨论在某一个具体构成要件的解释上，没有触及法益观。然而，如果说法益是不法的核心，这些问题的出罪不触及法益观来讨论是不合适的。

回顾中国的贿赂犯罪的立法。我国传统法律制度，已经出现了恤民的传统。比如说，和腐败直接相对应的"赇"字，是指"以财物枉法相谢"，强调了枉法的条件。大清律中规定，不以谋取不正当利益的行贿不处罚。后来我们形成了当前的传统，将"谋取非法利益"作为行贿罪的成立前提条件之一。

接下来，我们进入第三部分对贿赂犯罪既有学说的批判。在展开具体的批判之前，我们先确立一些最基本的前提。我觉得，具体犯罪的法益应当满足以下几个前提条件。

第一，我们确定的法益，要能够就"为什么这个犯罪应当被处罚"作最后的追问，必须和我们为什么要有刑法这一前提条件联系起来。当前对法益的界定是直接跟人类的和平共存的基本条件相联系的这种利益，所以，我们对法的追问，必须追问到最深的层次，即我们可以直接将它与人类和平共存的前提条件联系起来。因为任何的中间概念都未必能够精确地替代人类共存的最基本条件，有些时候我们总是喜欢去找一个代理这种最基本条件的中间概念，但是所有的代理都有可能无法做到百分百的代理。第二，要做循环论证的检验。我们之所以要确定一个法益，就是因为法益是限制刑法适用的实质根据，所以在确立法益的时候，我们不能直接去条文里面找，也不能直接把构成要件的反向描述作为确定法益的基本方式。第三，层次的检验，是说法益必须能够实现一个最基本的功能，就是能通过法益，明确某一个具体的犯罪究竟以什么样的方式去侵害什么样的利益，同时，我们确定的法益要能够测量犯罪究竟以多大的程度侵犯了这种利益。所以，贿赂犯罪的法益必须承担对犯罪的不法做质与量的判断。第四，要做一个系统、周全性的检验。贿赂犯罪的法益要尽可能全面地对与贿赂相关的问题做系统、合理的说明。尽管学说和结论未必是一致的，但是我们提出的观念，必须要对所有跟贿赂建立联系的犯罪做一个比较合理的、周全的说明。

带着这样的标准，谈一下当前通说的观点。首先，是以不可收买性或者不可交易性为中心的观点。这种观点认为，普通受贿罪的法益是职务行为的不可收买性，同时还认为职务行为的不可收买性包括民众对它的信赖。斡旋受贿和利用影响力受贿，这类犯罪的法益则是国家工作人员职务行为的公正性以及国家工作人员职权与地位形成的便利条件的不可收买性或对国家工作人员职务行为不可收买性的信赖。这种观点为什么不能成立？第一点原因就是不可收买性本身是一种规范性的要求；第二点是因为不可收买性的规范性构造不能成立，有很多情形下职务行为是可以收买的，例如法院收取诉讼费；第三点原因是难以对贿赂犯罪作周全的解释，也难以解释不法的程度。

其次，是以公正性为中心的观点，它认为贿赂犯罪侵犯了公正。但是，它很难解释非枉法型的受贿，也难以解释商业贿赂的规定，因为非枉法型的受贿根本没有侵犯职务行为的公正性。我们没有证据证明这种情形下枉法性的存在。

再次，是认为公职行为具有不可谋私利性的观点。这种观点之所以不能成立，是因为不可谋私利性是一种宽泛的道德要求，很多犯罪都会涉及不可谋私利性。比如公安机关的工作人员利用自己的职务去开了一个赌场，也是利用职务行为谋取了私利。该观点也不能解释普通受贿罪之外的贿赂行为，而且难以反映贿赂犯罪实质的不法内容，因为它将滥用职权贿赂犯罪从滥用职权转向获得相关的财产利益的行为。尤其是在斡旋受贿的情形之下，人们不关心国家工作人员有没有利用相关的职权，而关心是否有人收到相关的财产。

最后，是以信赖为后缀的法益的观点。这种法益观之所以不能成立，有以下两个理由。第一个理由是，行政管理本身并非法益，因为违法和违规是不一致的。并且，无法区分犯罪与行政违法和违纪，会导致实际处罚的是官员行为的失当。第二个理由是，该观点可能致使犯罪的成立取决于国民的观感，法益侵害外观获得了不成比例的重要性，刑法的重心转移到让犯罪为人所知的行为之上，利益损害则只是间接禁止。

我自己的立场，是应当根据两种不同的情形来确定贿赂犯罪的法益。一方面，如果贿赂以枉法行为作为前提，它就是受贿人和行贿人共同对第三方利益的侵犯。另一方面，以非枉法为前提的贿赂,是对行贿人财产和自由意志的侵犯,那么这就是一种对敲诈勒索的推定。

第一,枉法型的贿赂是指行贿人、受贿人对第三人利益的共同侵犯,侵犯的利益可能是第三人的财产,如果没有枉法行为,第三人应当可能获得更多的利益。因为枉法的行为分得越多,潜在的平行竞争就越少。这里的利益,包含了财产、职务晋升、就业的机会等,甚至有可能包含生命、自由等利益。从这样一个前提中,我们可以推导出一些结论,这些具体的结论我就不展开了。如果大家感兴趣的话,可以看一下论文。至于事后受贿,由于事后的贿赂行为未必能够影响已经作出的枉法行为,这种情形之下要成立贿赂得有一个前提条件,就是国家工作人员在实施违法行为的时候,具有一种事后受财的心理期待,这种心理期待提供了一个激励的因素。

第二,非枉法型的受贿是对行贿人敲诈勒索的推定。为什么一个人为了实现自己的合法利益,还必须给相应的国家机关工作人员提供相应的财产?他一定是在特定的情形之下,迫不得已才做出这样的选择。所以,原则上所有以谋取正当利益为前提的受贿,都可以推定成敲诈勒索,行贿的一方就应当是受害人而非犯罪人。在这种前提条件之下,可能会有一些问题,比如说,感情投资型的贿赂,应该怎样处理?这在论文里面有比较详细的解释。

在商业贿赂中,由于它只是经济活动,通常而言不存在推定敲诈勒索的前提条件,因为只有公权力才可以形成威慑,而商业贿赂通常而言不存在这种威胁。相应地,行贿的不法内容,可以根据不同的情形来进行区分，如果是枉法型的受贿，那就是国家工作人员滥用职权侵犯第三人利益的共犯；如果是敲诈勒索型的受贿，他就是被害人，而并非参与犯罪的人；如果是中间的形态，既可能有合法的利益，也有可能尝试去谋取非法利益，则应当看最终结果：若客观上没有获得过不正当利益，则应当是一种避险过当的行为，由于当前的立法不处罚避险过当的未遂，最后不构成犯罪，不应当处罚。

这是我的基本观念，接下来，是这个观念的一些应用，可以通过这种二元的法益构造，对受贿和行贿的不法内容作更加丰富的解读，尤其是在量刑的层面。比如说当前受贿罪的处罚，通常而言取决于情节和数额。但是情节究竟是什么？数额能够在多大程度上折射贿赂犯罪的不法侵害？如果把对终端法益的影响引入进来，比如财产、经营、就业的机会、自由、生命，就可以为贿赂犯罪不法程度判断引入丰富的变量和影响因子。对于行贿罪，其实参照《刑法》第三百九十条确定的量刑标准，实际上本身就已经将量刑与最终侵犯的法益联系起来。通常而言，处三年以下的有期徒刑，那是因为这里只有对第三人利益的抽象的危险。而如果谋取不正当利益，就意味着第三人实际上受到了相应的损害，法定刑就会提升。

最后，由于对顺计时和倒计时产生的混淆，我只能做一个非常仓促的结论。腐败犯罪是一个高度道德化的领域，所有人都觉得对腐败犯罪，无论怎么样惩罚都是无所谓的，因为腐败是一种非常让人讨厌的行动。但是实际上，如果我们不弄清楚腐败犯罪，究竟给谁的利益造成了什么程度的损坏，那么社会实际上就是在挥舞道德的十字架。而法益的机能就是防止情绪的失控，防止将刑法问题道德化。所以我们要去弄清楚腐败犯罪究竟侵犯谁的利益、侵犯到什么程度。回顾我们此前的立法，实际上中国的贿赂犯罪立法，对某些情形下的行贿人，已经体现了非常仁爱的一面，对行贿的处罚做了很多的限制。而今天我提出的观点，就是尝试去发现刑法条文中隐藏着对非枉法型受贿中的行贿人的宽容和同情，而不是直接从国外照搬已经形成的现成的学说，来迎合那些冷冰冰的概念。这是我做的一个简短的汇报。不好意思，因为今天特别紧张，混淆了时长。谢谢大家。

主持人：许永安

感谢金林教授。他主要是在发言计时方式上，发生了认识错误。这个是正计时，其实倒计时可能更好，这也说明了我们在立法的时候，要考虑执法的各种情况。我想报告的时间其实也没超太多，三十分钟时间，也就超出了三分钟，大家的时间是够用的，下面有请第二阶段主持人田国宝教授、焦艳鹏教授，评议人徐凌波教授、陈少青教授、隗佳讲师、于靖民院长。

二、评议

主持人：田国宝

尊敬的各位领导、来自理论界和司法实务界的专家以及各位青年学者，大家下午好！很荣幸也很高兴，受邀参加第三届全国青年刑法学者实务论坛，这是一次难得的学习机会，要感谢武汉大学的邀请。刚刚听了很多宏观的理想描述，现在我们就干实事，直奔主题。

陈老师就贿赂犯罪的法益做的报告，花了很多心血，尤其是他用大量的篇幅，对贿赂犯罪进行了回顾和述评，提出的二元学说对我们很有启发和纪念意义。后面还有四位专家将进行点评，我就不耽误时间，主持人的主要任务就是保证在规定的时间完成相应流程。第一位点评嘉宾是来自南京大学法学院的徐凌波教授，第二位是来自对外经济贸易大学法学院的助理教授陈少青。

首先有请徐凌波老师来做点评。

评议人：徐凌波

谢谢田国宝教授！各位老师，各位同学，各位嘉宾，大家下午好！非常荣幸，这次我能够有机会来学习关于贿赂犯罪的相关问题，我点评的是陈金林老师的论文《贿赂犯罪的法益及其处罚边界》。为避免认识错误，我这边也做了一个倒计时。

陈金林老师的论文首先在犯罪学意义上定义了广义的贿赂犯罪，其中既包括我们通常认为的《刑法》分则第八章中的贿赂犯罪，也包括了非国家工作人员受贿罪、对非国家工作人员行贿罪这样的罪名。其次，他比较了中德两国在贿赂犯罪刑事立法上演变的差异，认为应当跳脱出德国刑法学关于贿赂犯罪法益所提出的讨论框架，结合我国的刑事立法语境回答我国贿赂犯罪的特有问题。再次，他以确定法益为基本要求，检讨了当前我国理论上有关贿赂犯罪的各种有力学说，包括职务行为不可收买性、职务行为公正性、职务行为不可谋私利性等，认为它们都存在以规范代替法益，无法妥善解释我国刑法关于贿赂犯罪所设置的限制性条件等问题。最后，文章提出了陈金林老师自己的观点，即应当区分枉法型贿赂犯罪与非枉法型贿赂犯罪，前者保护的法益是行贿人、受贿人共同侵害的第三人利益，而后者即非枉法型贿赂犯罪保护的法益则是行贿人的财产与意志自由，并以这一法益观点为基础分别阐释了枉法型与非枉法型贿赂犯罪的不法实质内涵，设计了不同的罪量衡量标准。

虽然这篇文章仅仅是对贿赂犯罪的法益的讨论，但也非常鲜明地反映了陈金林老师在法益论上的基本立场。文章肯定了法益概念具有批判立法与指导解释的双重功能，同时也主张将贿赂犯罪中通常被认为属于集体法益代表的职务行为公正性、职务行为不可收买性还原为能够与个人利益相关联的内容，最大限度地避免法益的精神化与抽象化。文章贯彻了自韦尔策尔以来有关法益与规范的区分，十分坦率地承认理论中"不可收买性""不可谋私利性""公正性"本质上都是规范，而非法益，没有简单地因为在行为规范之后以"性"作为结尾，便将动词名词化，认为其属于法益，这可能是有问题的，这一批评也可以扩展至信赖法益上。

不过我还有以下四个想法，希望能和陈金林老师进行请教和商榷。因为时间上的仓促，我可能没有很好地理解文章的意思，如果有不当的地方，还请陈金林老师进行指正。

第一，如何看待法益与辅助性原则的关系。陈金林老师在文章中试图用法益的概念去解释贿赂犯罪中的各种具体构成要件设置,并将这一点做系统、周全性检验,继而将其作为检验各类贿赂犯罪法益理论的重要标准,在对不可收买性、不可谋私利性等观点的批评中,都提到了这些理论无法精准地解释立法对贿赂犯罪的限制条件。但是,尽管法益侵害是刑事立法得以正当化的必要条件,但有法益侵害并不是刑事立法的充分条件,罪名构成要件的设置常常是平衡保护法益与保障自由需要的产物,正因如此,刑法的任务并不是简单的法益保护,而是辅助性的法益保护。这样一来,贿赂犯罪在设置构成要件时对于处罚范围所设置的限制条件是否必须经由贿赂犯罪的法益来得到说明,便可能会存在一些疑问。例如文章认为持不可收买性说的观点不能解释立法对贿赂犯罪的一系列限制条件,但持不可收买性说的观点反过来认为,这些限制条件可以通过辅助性原则得到说明。

第二,文章是在体系超越,即批判立法的意义上,还是在体系内在的意义上理解贿赂犯罪的法益?这一点似乎是不够明确的。一方面,文章主张区分枉法型与非枉法型贿赂犯罪的主要根据,是我国对受贿人与行贿人采取了非对称的立法模式,展现了对行贿人的体谅与宽容,但另一方面,在非国家工作人员贿赂犯罪中,我国同样采取的是非对称的立法模式,在非国家工作人员受贿罪中要求"为他人谋取利益",而在对非国家工作人员行贿罪中则要求"为谋取不正当利益"。但对于这类商业贿赂犯罪,文章似乎主张应当将非国家工作人员受贿也限制在谋取不正当利益、导致所在单位的财产利益最终受到损害的范围内,对于谋取正当利益、没有造成单位财产损失的,并不认为构成犯罪。

第三，我想请教的是，在犯罪学意义上定义广义的贿赂犯罪，并一体性地讨论所有贿赂犯罪的保护法益的必要性。文章在第二部分，非常详细地阐述了犯罪学意义上的贿赂犯罪的三角结构，认为受贿人从行贿人那里获得的利益与其所代理的委托人利益之间存在利益冲突，最终会导致委托人利益受损。在非国家工作人员受贿的时候，这个三角结构分裂出枉法型和非枉法型两种情况，这两种类型中的委托人分别指代的是第三人和行贿人本人。在解释这个结构的时候，是否也需要说明在犯罪学上的贿赂犯罪的委托人和具体到枉法型和非枉法型的贿赂犯罪中的委托人时，两者之间是什么关系？这可能也是需要在文章中进行解释的。另外，文章在犯罪学的意义上，把非国家工作人员贿赂犯罪纳入进来之后，批评诸如公正性说无法解释非国家工作人员贿赂犯罪，似乎存在循环论证的问题，毕竟黎宏教授的公正性说所讨论的更多的仅仅是狭义上的国家工作人员贿赂犯罪，并没有认为非国家工作人员贿赂犯罪的法益必须与之保持一致。

第四，文章的核心论点，是在区分枉法型贿赂犯罪与非枉法型贿赂犯罪的基础上，认为前者保护的法益是行贿人与受贿人共同侵犯的第三人利益，而后者保护的法益则是行贿人的财产与意志自由。此时枉法型与非枉法型贿赂犯罪显然具有完全不同的构成要件构造，但论文中并不认为这两种类型分别对应于我国《刑法》第二百八十五条所规定的收受与索取这两种行为类型，而是认为非枉法型犯罪也包括了为谋取正当利益、行贿人主动提供的情况，这两种贿赂犯罪的不法构造是否存在条文上的根据就存在疑问。

此外还有两点小的疑问：第一，收受财物、与行贿人达成不法合意，只是构成了对第三人利益的危险，而不是实害，要真正造成第三人利益的损害，必须通过受贿人的滥用职权行为。按照这样的理解，受贿罪与滥用职权罪之间的法定刑差异可能会存在疑问，文章只是简单提到了主观心理上的态度的差异，未能具体展开，而且也很难认为距离实害结果发生更远的受贿行为相比于滥用职权行为会有更加明确的故意，所以很难从两者对结果态度的不同来说明受贿罪法定刑高于滥用职权罪的依据。第二，如果认为非枉法型贿赂犯罪侵害的法益是行贿人的财产，行贿人交付财物便发生了财产利益的损失，构成了实害。这里的非枉法型受贿，不仅包括第三百八十五条明文规定的索贿，还包括行贿人出于实现正当利益的需要而主动提供财物的情形。此时按照文章的观点，由此获得的赃款来源于行贿人的合法财产，是否应当优先返还给行贿人而非上缴国库？刚才在听陈金林老师的报告的时候，我已经感觉到在这种情况下，行贿的赃款需要根据《刑法》第六十四条的规定，优先返还给被害人。在报告最开始的时候，我能感觉到陈金林老师有这样的倾向。除此之外，如果把非枉法型贿赂犯罪理解成敲诈勒索，同时也可能涉及如何平衡敲诈勒索罪和非枉法型贿赂罪的法定刑上的差异。当下敲诈勒索罪的入罪标准显然比受贿罪的标准要低，在解释的时候，如何平衡两者之间的量刑，可能会同时落入类似于贪污罪和盗窃罪之间均衡的问题。以上就是我对于陈金林老师论文的粗浅的见解，希望各位老师批评指正。

主持人：田国宝

感谢徐老师的精彩点评，我认为徐老师的点评很有意思，他在肯定陈老师论文的科学的基础上,又提出了四点商榷,这四点商榷也很有新意。我个人的观点是,这种不同的声音,值得金林老师和在座的与会嘉宾来反思,因为学者的声音就在于商榷。如果只是一个声音完全地附和,就没有什么意义了。徐老师提出了商榷,证明对文章进行了很好的研究。感谢徐老师的精彩发言。下一位点评人是对外经济贸易大学的陈少青老师。

评议人:陈少青

非常感谢车老师与何老师提供这样一个宝贵机会,让我这样一个初入学界的学生能够聆听各位大咖的观点。

说实话,当我仔细研读陈金林老师这篇文章后,可用八个字来进行一个总体的评价,就是旁征博引、立意深刻。首先这篇文章的质量本身就特别高。其次我对陈老师有相当程度的粉丝滤镜,我在读博士期间,就认识陈金林老师,所以说对我而言,他不仅是一位我非常尊敬的学界前辈,也是一位让我备受鼓舞的兄长。

第一点,陈老师跳出域外理论的路径依赖,最终还是回归本土刑事立法,突出中国问题意识,解决的是中国的问题,这一点为我们年轻学者提供了非常好的模板。

第二点,注重体系性思考,对所有的贿赂犯罪进行整体性把握。传统来说,贿赂犯罪多集中于《刑法》分则第八章的公权力贿赂,但很少会把商业贿赂等一揽子整体纳入进来。纳入进来之后,就可以提炼全部贿赂犯罪所具有的共性特征,这样对于真正认识贿赂犯罪的保护法益、打通不同罪名之间的关联壁垒,以及深刻理解贿赂犯罪背后的侵害机理有着重要的作用。

第三点，是我自己非常受到鼓舞的一点，陈老师借助民事法律关系，归纳贿赂犯罪的核心含义。文章强调贿赂犯罪必然以"委托人—代理人—客户"三者形成的三角关系为前提，将贿赂犯罪所涉及的各个主体纳入同一法律关系模型之中。这种关系模型实际上就是民法中的关系模型，"委托人—代理人"之间的关系近似于民法中的代理关系，而"客户"则为代理关系中的第三人，因为我自己是研究刑民交叉的，民法的相关理论妥当地纳入刑法之中是非常困难的事情。而陈老师的论文给了我一种饭碗不保的感觉，感觉陈老师可以随时进入这个领域之中。这样的理解实际上是对公权力贿赂与商业贿赂的内在机理作出了非常清晰的勾勒，有助于把握贿赂犯罪的核心特征。就像刚才讲的，非国有单位为什么不构成受贿，利用这样的理论就可以得出非常清晰和全面的结论。

同时，我基于自身对于贿赂犯罪保护法益的思考，对于文章的部分观点提出了以下两点商榷意见。

第一点，对于保护法益，商业贿赂与公权力贿赂能否作体系性思考。陈老师将这种体系思考贯彻在商业贿赂与公权力贿赂之中，但是，这种共通性的内容更多地局限于"手段"层面。就如陈金林老师指出的那样，"贿赂只是侵犯特定利益的路径或方法，它本身并不锁定特定的利益损失关系"，问题就在这，可以说商业贿赂和公权力贿赂在方式、方法上有一定的共通性，但是不能说，在这种情况下能够进一步推展出，它们所侵害的利益、法益也一定具有共通性。这样的路径可能会存在某种意义上的跳跃,其实大家都能感觉到,公权力贿赂和商业贿赂所侵害的利益是不同的,这种侵害对象的不同也会导致被害法益具有本质差异。商业贿赂可以进一步量化为一定的市场运营背景下平等主体的财产利益,而对公权力贿赂则应当围绕公权力的自身属性进行分析。关于受贿罪保护法益的诸多传统观点正是从公权力的本身属性出发,对被害法益进行判断。从这个角度来看,能否把商业贿赂和公权力贿赂一并考虑,提炼出一个共性的法益,还是值得我们思考的。既可能构成普通诈骗,也可能构成金融诈骗,即便是手段方法相似,但其背后的法益是否一样呢?显然是不一样的。公权力贿赂的法益与商业贿赂的法益一定是不同的。文章在贿赂导致法益侵害的内在运行机理这一手段层面,将商业贿赂与公权力贿赂作体系性思考无疑是妥当的,但能否进一步延伸至法益性质这一根本性内容,从商业贿赂犯罪的法益推演出公权力贿赂犯罪的法益,值得进一步思考。

第二点,将职务行为的公正性作为贿赂犯罪的法益,更具合理性。陈老师的文章对于公职的不可收买性、不可谋私利性以及国民对职务行为不可收买性或公正性的信赖等观点进行的诸多分析,具有妥当性。但我个人认为,职务行为的公正性是贿赂犯罪的法益。事实上,不可收买性说、公正性说以及本文的法益观之间呈现出从抽象到具体、从行为违反规范到损害结果发生的关系。由此可以将整个过程分为三段,不可收买性说、不可谋私利性说等作为一种规范性或道德性要求,是确保职务行为公正性的前提,只有职务行为被收买,才会进一步使得职务行为本身的公正性受损，而职务行为缺乏公正性最终会导致特定被害人的利益受到现实侵害；职务行为的公正性是从职务行为被收买到职务行为具体侵害特定利益之间的"中间结果"。如果在整个法秩序下考虑这个问题，会发现不可收买性和所谓的廉洁性等，主要受党内法规、公务员法等其他规范的指引，而在我看来这种指引不具有强制性，真正具有强制性的主要是公正性和实际利益侵害部分。因此，贿赂犯罪具备危险犯的性质，即欠缺公正性的职务行为造成一种对特定利益产生现实侵害之抽象危险，故公正性除了体现在具体事项的实体内容的公正性，更为重要的表现是整个职务过程的公正性。任何一种法益观，不论是张老师、黎老师还是陈老师，在落地的时候，实际上大同小异，因为这些法益观不会对实务造成特别大的影响。那我们为什么要选择公正性？当把过程的公正性纳入进来之后，也与张老师的不可收买性相类似。之所以把公正性作为核定要素，还有一个很重要的点在于，《中国共产党纪律处分条例》第八十八条（注：现为第九十七条），规定收受可能影响公正执行的礼金消费券等，是会受到给予警告等处分。公权力或者职权行为有很多特性，之所以提炼公正性作为法益，是因为它被放在了纪律处分里。

主持人：田国宝

陈少青老师对陈金林老师作出了高度的评价，提出了两点质疑，也表达了自己的思考，发人深省，引人思考，点评也很到位。金林老师的文章在这时候拿出来，确实很有意义，因为相关的文章在中国虽然成千上万，但能够提出自己相对独立新颖的观点，是非常不容易的。而且他的文章也是旁征博引，花了大量的时间和精力。但这个观点可能还是要先接受刑法学理论界的质疑，更重要的是接受司法实务部门的检验。是否好用，好用的话就会用得更多一些，如果不好用就需要进一步探索和完善。我的主持就到这里，谢谢大家！

主持人：焦艳鹏

感谢田老师！我非常荣幸能参加今天这个活动，今天的会议规格很高。我看到门口站了很多旁听同学，让我想起了以前易中天来武汉大学做讲座的时候，也是这种状况。我们这个模块议程安排了四十八分钟时间，四位发言人每人发言十分钟，我和田老师一共有八分钟的时间，那我们每人有四分钟时间，我准备用一分钟时间报幕，另外三分钟谈一些学习体会，我首先来完成报幕的工作。咱们下面有请来自南开大学的隗佳博士，欢迎！

评议人：隗　佳

非常感谢车浩老师给我宝贵的交流学习机会，然后感谢陈金林老师的精彩报告，感谢田老师、焦老师的精彩主持，我的评议主要包括两个部分，首先点评陈老师文章的积极价值，这是一篇非常有价值的文章，其次针对我读过文章之后产生的三个疑惑，借此机会向陈老师请教。

陈老师的文章，针对贿赂犯罪的本质进行了非常深入的探讨，特别是在如何通过法律概念，去重新审视我国的贿赂犯罪刑事立法框架这个问题上，提供了非常有力的思考和借鉴。令人印象深刻的是，文章指出了贿赂只是侵犯特定利益的路径方法，本身并不会锁定特定的利益关系，那这种情况下贿赂这种形式的行为到底侵犯了谁的什么利益呢？这就需要在具体的情境之下去展开分析。这跟学界之前致力于寻找一种单一的法律学说，界定贿赂犯罪的做法相去甚远，体现出文章非常高的学术创新价值。按照这个思路，文章在第四部分以加害和危害关系为前提，按照不同的法益损害模式，提出了二元的贿赂犯罪法益学说。在这个学说之中，我们可以看到，作者主要认为枉法型贿赂犯罪中的不法是行贿人和受贿人对第三人利益的共同侵犯，指向的是第三人依照最终委托人的意愿可能获得的具体利益，这种具体利益有可能会涉及财产、晋升、就业机会，甚至是一些像自由权、生存权这样非常具体的法益。在非枉法型贿赂中，行贿人是为了自己应得的利益，而向国家工作人员给予财产性利益，不会侵害第三人利益，陈老师认为这个时候，行贿人才是实际意义上的受害人，并且提到这种非枉法型的受贿，是视为公权力拥有者对当事人的敲诈勒索，并依据一定的事实基础可以对其进行敲诈的推定。这个二元贿赂法益学说确实令人耳目一新，跟之前理论学界彻底寻找一种贿赂犯罪统一法益的方法是迥异的，集中体现了文章的学术创新价值。而且在阅读文章的时候，我发现陈老师论述使用的学术资料是非常丰富的，论证也是非常严密的，体现出了作者特别深厚的法学理论功底。对于文中的这些基本的论断，我深表赞同，但是在阅读之后，还存在几个小的疑惑，主要有三个，借此机会向陈老师请教。

第一个方面，是关于信赖说中对"信赖"的讨论，是否还需要进一步地加以审视。阅读文章的时候，我发现第三部分主要的工作是针对我国现有的贿赂犯罪法律学说进行了全面和批判性的分析，里面绝大部分观点我都是很赞同的，但里面针对信赖的指责，我觉得可能还需要稍微分析一下。因为文章指出，信赖说中"信赖"本身并非法益的实质内容，只是将社会心理事实的国民信赖作为后缀以拓展具体的法益。如果这个时候以这种信赖作为刑法的保护目标的话，就会导致在判断犯罪是否成立的时候，是取决于国民的观感的，这可能会产生很多不太恰当的结论，比如自首成为加重惩罚事由。但是我们去看信赖说的时候，会发现它在德国是一种有力的学说，在日本也是一个裁判的基本立场，其实可以称为自然保护说。无论在德国还是在日本，这个学说的具体内容其实是不完全相同的。在德国，贿赂罪的保护法益，指的是公众对国家职能担当和这种纯粹性、不可触犯性以及国家行为客观性的依赖，如果呈现出了职务被收买的外观，信赖就会动摇，这是德国的界定。而日本却认为贿赂犯罪的保护法益是职务行为的公正性，以及国民对职务行为公正性的信赖。文章对于信赖保护说的指责，从德国的角度来看，是非常恰当的。根据德国学者的界定，比如 Schröder 的界定的时候，会发现在界定方式上，包含的范围很广泛，又会涉及一些违法、不违法职务行为，也不会特别地关注利益收受行为和职务行为是否具有关联性，判断的结点确实只集中在了民众是否形成了职务行为可被收买的印象，也就会出现作者提到的刑法的判断重点的转移，转移到让犯罪为人所知的这个行为之上。但是如果把目光放得稍远一些，再去考察一下日本的信赖保护说的时候，我们会发现这个学说其实还是有可供改造的空间的。因为把这个概念加以细分的时候，就会发现它可以被拆分成职务行为的公正性加国民对职务行为公正性的信赖，这两个因素如果被视为一种叠加的关系，就可以一定程度上补全信赖的内容，如果按这个方向对该学说进行本土改造，有可能在一定程度上避免过于抽象的弊端，又能够保留学说本身最大的特色，即极强的适用能力，还不会出现由于国民不信赖印象的行为就被处罚的问题。在这种情况下，公正性本身和国民对公正性的信赖形成两个课题，只有当职务行为公正性本身已被破坏，且现实性地影响国民对公正性的信赖，才具备了处罚问题，这个判断其实一定程度上倾向于德国刑法中的犯罪未遂处罚工具说的引用和处理，在这种情况下，我们觉得信赖保护说很可能还有一定的可改造的空间。

第二个方面，就是二元贿赂犯罪法律学说有没有可能出现一定程度上让人产生误读的一个问题。因为我们也发现，现在法律一元论、法律二元论已经形成了比较固定的语境，主要讨论的问题就是在个人法益与集体法益的关系上面。文章提到的二元贿赂犯罪法律学说，主要依据的就是枉法型贿赂、非枉法型贿赂，公共领域贿赂和非公共领域贿赂呈现出的加害关系的不同，主要针对法益损害模式进行了二分。从文中我们也可以看到前者侵害的是第三人利益，后者侵害的是行贿人的利益，也就意味着这种分类并不涉及贿赂犯罪的具体法益或法益类型的准确界定，只是按照贿赂行为侵害对象的不同而针对利益归属方进行了进一步归纳。而且文章还在这两类之外，讨论了商业贿赂以及行贿的问题，彻底贯彻了具体问题具体分析。这一做法确实与之前理论界致力于寻找贿赂犯罪统一法益的方向相迥异，非常新颖，但也可能在一定程度上消减了法益的研究意义。因为众所周知的是，法律具有体系的内在功能和体系的超越功能，在这种情况下，如果完全按照犯罪分类的方法，按照已出现或可能出现的贿赂案件类型来区分犯罪类型，将来每一种犯罪类型都设立一个新的法益类型，这种归纳组织的方法很有可能无法充分发挥法益概念的指导作用，无法充分发挥法益对刑事立法进行批判性反思的作用。

第三个方面，也是有一定疑问的，非枉法型贿赂中的敲诈推定是否合适、恰当？因为文章也提到，这种类型并没有涉及对第三人利益的损害或威胁，只涉及行贿人总体利益的减少，所以行贿人才是事实上的受害人。但事实上，这种贿赂模式一定程度上也会引发社会交易成本的增加，对第三人的利益来说，也会产生一定的不良影响。而且，文章还提到一种情况，在权力支配力度高、权利救济方式受限、国民权利意识有待提升的背景下，相对人会面临无形的压力，为了确保自己正当利益的获得，而不得不去行贿，这种情况就视为公权力拥有者对相对人的敲诈勒索，而且依据一些事实情况，就可以推定为敲诈勒索。但我们也知道敲诈勒索罪的基本构造，强调行为人必须得先实施恐吓行为，使对方产生了恐惧心理，再基于恐惧心理处分财产。确实，在德日刑法中，敲诈勒索罪的构成要素是否要包含处分行为是有争议的，但没有争议的是，实行行为要求包含恐吓行为。因时间关系，其他疑问会后再请教陈老师。

主持人：焦艳鹏

时间是客观的，没有办法，下面有请盈科刑辩学院的副院长于靖民律师与谈，有请于律师，大家欢迎。

评议人：于靖民

感谢主持人，感谢陈金林老师精彩的发言！

尊敬的各位专家教授，大家好，我是盈科律师事务所的于靖民律师，之前是北京市第三中级人民法院的法官。首先，作为盈科律师事务所登台的第一位领航人，我必须表示非常荣幸能够参加本届高规格的论坛，并发表阅读陈金林老师这份论文的与谈观点，不当之处，还请各位老师批评指正。其次，关于本文的亮点，学习之后，我认为文章从我国贿赂犯罪立法的非对称性特点切入，在梳理德国与我国贿赂犯罪法益学说与立法发展的基础上，富有创建性地提出了贿赂犯罪法益的二元学说。

第一，本文所直面的问题，是理论和实务都会涉及的热点问题。晚近以来，对于贿赂犯罪保护法益的学术争论成果丰硕。但将目光从理论转向规范，在我国的制度框架内，仍然存在受贿罪与行贿罪处罚的片面性、"谋取不正当利益"要素规定的非对称性等诸多问题。陈老师的文章敏锐地发现并把握了这一难题，并以此为切口，对贿赂犯罪的法益理论进行了系统的反思与梳理。作为一名实务工作者，特别是之前在一线进行办案，我能够切身地感受到立法、司法对于贿赂犯罪中行贿人、特别是弱势行贿人的宽容，也就是陈老师谈到的"治吏不治民"的传统，在此不做赘述了。

第二,我认为文章立意非常开阔。陈老师放弃了通过高度抽象的单一法益理论解读所有的贿赂犯罪立法,转而采用类型化的思路,从枉法型与非枉法型的类型二元划分出发,分别建构保护法益,这是非常难得的。

第三,文章的可贵之处,在于并未将研究视角局限于单一条文,而是在我国贿赂犯罪的规范框架之内运用体系解释的方法,对贿赂犯罪的法益进行系统的反思与检验,兼顾了准确性与全面性。

还有几点,想和陈老师商榷。

第一,论证的呼应的问题。我记得本文在贿赂的概念方面,陈老师最早是用了贿赂犯罪应当满足"委托人—代理人—客户"的三角结构。但本部分似乎并未服务于文后的论证,贿赂犯罪的概念、结构与本文的核心观点——"贿赂犯罪法益的二元性"之间,到底有什么样的密切联系,我作为读者,感受不是很透彻也不直接。同时,"委托—代理"的利益冲突这一贿赂犯罪定义的核心部分,在后文有待进一步论证和加强。

第二,关于法益概念的论证。我们对于法益的理解,我认为应当从实质和形式两个方面加以考虑。在对贿赂犯罪的理论观点展开学术批评之前,我们看到作者首先阐明了自己的立场,即"不能以某种法益观念与司法解释相冲突,或者与当前定罪量刑的标准不一致,而否定该法益观念"。我认为作者在此接受了实质的法益概念,承认法益具有检验、批判当前立法的作用,法益这一立法正当化机制"成为立法或司法的复读机"。但在后文的论证中,作者似乎又有意无意地回到了以实定法为起点的形式的法益思路,将实定法作为起点去检验法益理论。例如,在对"职务行为不可交易性"说进行批判的过程中,作者认为该理论"难以对贿赂犯罪作周全的解释",这就又回到了法益的解释功能。如何协调法益的批判思路与解释思路,希望作者在论述中进一步明确。

第三,单一依靠法益理论能否解决文初提出的问题,我觉得还是可以继续考虑的。在未谋取不正当利益时行贿与受贿处罚所体现出的片面性,是作者提出法益二元论所要解决的主要问题。我有一个疑问,在公共权益遭受侵害的场合下,这一问题究竟是法益论的问题还是共犯论的问题,似乎存在商榷的空间。特别是在片面的对向犯的场合,是否一概都要借助类型化的思路,可能存在疑问。

第四,到底是否需要突破职务属性,我是持谨慎态度的。因为在以往的学说当中,无论是职务廉洁性说、信赖说、还是公正说,都是围绕职务本身、职务行为的信赖公权力的特点加以展开,体现了贿赂犯罪的基本特征。但是根据作者的观点,贿赂犯罪的法益并非完全代表公权力的职务行为信赖,而且可能涉及个人利益的问题,甚至是第三人、行贿人的利益等。沿着这个思路向下,我在想这样的论证和财产犯罪的论证的界限在哪里,我认为这可能会突破职务犯罪的核心内涵,使得讨论的场域过大,对此我持谨慎态度。我找到一个案例,重庆的雷政富受贿案。重庆市高级人民法院在向最高人民法院投稿的时候,当时想的一个问题,就是行贿人以不雅视频相要挟,使他人产生心理恐惧并向他人提出借款要求,还款日期届满后有能力归还而不归还,是否属于敲诈勒索？以及利用职务便利为他人谋取利益，受理他人向第三人出借款项，最终还款并不被免除，是否属于受贿？其实在受贿的这一个部分，第一种观点认为雷政富本身，作为被敲诈勒索被害人要求林志勇出借钱款帮助摆平困境，其实作为林志勇来讲，他不知道雷政富涉及不雅视频一系列事情，他以为是正常的借贷和借出，雷政富的一些要求其实并不会直接免除后者在民间借贷层面的还款义务。据此认为后面的这部分，属于民法调整的范围。但是第二种观点认为，雷政富本身属于被敲诈的被害人，虽然他后面主动承揽了该义务，作为自己的义务进行承担，在后来双方交往过程当中，林志勇有求于雷政富，雷政富转而达到被害人与帮助人的一个合意，也就是合意达成之时，受贿成立，犯罪成立。在观点和案例的论证当中，我们看到最高人民法院还是考虑到本案没有限于财产利益的讨论，因为如果限于财产利益的话，可能这一部分赃款是否追缴，本案如何进行定性就成为一个巨大的问题，还是考虑了本案具有非常强烈的职务的属性，最终还是认定了受贿犯罪。

智者不惑，仁者不庸，勇者不惧。我们从陈老师的这篇论文当中，能够清晰感受到作者的思路、论据和逻辑，旁征博引地带来了非常好的学术讨论，让我感觉畅快淋漓，让我这个从事司法实务的律师也感到非常过瘾，学习到很多。感谢陈老师，感谢各位老师，祝论坛圆满成功，谢谢。

主持人：焦艳鹏

谢谢于律师！非常感谢大家。我想今天下午最幸福的人其实是陈金林老师,能够做三十五分钟的报告,而且有一百多人从全国各地为你而来,这个是非常幸福的。在武汉大学有一百多人聚集在一起去讨论一个问题,我没有参加过这样的学术活动,所以特别感谢车浩教授和何荣功教授,组织这么好的活动。应该还有一点时间,我就上面的这个命题谈一些自己的学习认识。其实法益问题长期以来一直是刑法学研究当中的主线,但事实上对于法益研究的方法论问题,可能有的时候也需要做一些考虑。2008年在澳门大学读博士的时候,我的博士论文就是在谈刑法侵害法益的基础问题研究。但是自从博士毕业以后,自己写文章便很少把法益两个字放在题目当中,这也是考虑到可能学术期刊、同行,或者法学界的同仁们,在对命题进行识别的时候,加上法益这两个字的话,带有非常强烈的刑法学色彩,不利于对于学术命题当中通用性的一些东西的识读。所以印象当中,我只有2014年在《现代法学》上写过一篇关于法益解释机能的司法实现的文章,再到后来就很少这样去用。2017年我在《中国社会科学》上有一个文章临刊登之前,题目当中有法益两个字,但是杂志通知说把法益这两个字替换掉,担心不利于学术传播,不利于知识贡献,所以后来就把生态的法益改成了生态文明的刑法保障机制。这个事情带给我很大的触动,也就是说在进行学术研究的时候需要增进共识,这当中,大家对于一般性的价值的共识,应该打破学科的界限。所以我所持的法益研究的方法论的核心是,法律问题研究要进行具体的利益识别,不能单纯地在精神价值理念上谈法益。

所以说有三点:第一是要在具体的生活场景当中去识别法

益；第二是要注意所谈的法益跟既有的法规范当中的民法、刑法所保护的已经类型化的法益，也就是表现为权利形态的法益，或者表现为秩序形态的公共利益，要建立一种关联性；第三是要注意法益识别和法益度量，在刑事司法当中，体现为具体的定罪和量刑。也就是说法益论面向司法层面，是为了准确定罪和量刑；定罪和量刑的过程，其实是对法益的类型进行精准的识别，然后对法益所保护的价值进行具体的度量的过程。基于这个考虑，去年至今我写了几篇文章，又开始使用识别这个词，不用法益识别，还是用利益识别，在一些情形之下会用法益识别，但是是在课题当中进行法益识别。因此金林老师这篇文章在谈贿赂犯罪的法益及其处罚边界的时候，我觉得他的核心其实是在谈这里边的法益可以识别为哪一种生活利益，这些生活利益和民法典当中所记载的人格、财产，包括我们公法里边所谈的秩序、安全，如何进行关联性的论证，以及在具体的场景当中如何识别出这些利益，以及这些利益的大小。这些可能是基于个罪的法益论的研究，是具体罪名的法益的识别问题。这个研究我也刚刚开始，才写了两周，将来写出来以后，我再和大家一起交流，不耽误太多的时间，谢谢大家！

三、自由讨论

主持人：张 勇

感谢大会邀请，来到久违的母校参加这届全国青年刑法学者实务论坛,由我和赵慧检察长担任这个阶段自由讨论的主持人,现在先开始讨论,接下来把时间交给我们的赵慧检察长,还有在座的各位。

主持人:赵　慧

张教授和我都是从武汉大学毕业的,特别高兴能够回到母校参与这个盛会。在此,我谨代表从珞珈山走出来的学子们欢迎大家相聚在四月份的珞珈山交流思想。我们衷心祝愿这次会议能够圆满成功。关于会议安排,为了让更多的人有充分的机会参与,我们希望每位发言人时间不要超过3分钟,以此为更多人留出宝贵的交流时间。接下来,如果大家有发言的意愿,请举手示意。好的,请工作人员准备,让我们先请这一位发表见解。

发言人:史令珊

各位领导、各位老师,大家下午好,我是中南财经政法大学法学院的史令珊。听了陈老师的报告,觉得受益良多,也引发了我的三个思考,现向陈老师请教。第一个问题有关在司法实践中比较容易引发困惑的介绍贿赂罪。它究竟是在从严打击受贿犯罪的全社会背景下一个独立的犯罪类型,还是它在共犯结构当中占据一定的地位?我们是否可能参考您提出的这个代理结构,参照这个性质去处理它?该如何看待它的扩张?第二个问题是,确实立法对于谋取不正当利益作出了要件的限制,但是在实践中好像并没有严格地遵循这个要件的限制,出现了一定的虚置情形,特别是在2008年的司法解释当中,它提到在招标投标或是商业活动当中谋取一些竞争优势的，也可能被视为不正当的利益。这种没有遵循公平诚信原则的、破坏公平竞争秩序的行为，究竟是否能够认为是不正当，我个人可能是持保留态度。如何去纠偏这种状况，希望陈老师能给出一些意见。第三个问题就是关于刑事政策的理解与适用了，其实从普通人的法理感情来说，我觉得重受贿、轻行贿是更为大家所接受的。尽管从国家治理、社会治理的角度而言，我们说两端都要查，都要顾及，但是考虑到刑罚的严厉性，对于行贿，您提到的这种没有枉法的贪财的行为，究竟怎样给它一个宽缓的处理？我个人比较倾向于这个处理方式，但是现在我们经常会看到行贿受贿一起查，都要从重处罚，是否意味着这个传统的刑事政策发生了一定的转向？未来我们应该如何在具体适用中去关注这样的现象，如何去理解？希望您也给出一些看法，因为结尾的时候您谈到贿赂犯罪的生存机理、道德行为、市民等，其实都是想从法理和法感情的层面去回应这样一个犯罪现象，也希望听您有更多的展开，谢谢您。

主持人：赵　慧

好，我利用一下主持人的优势，金林老师这个命题非常好，我们想看看他的同事，我们的熊教授对这个问题有什么新的看法。

发言人：熊　琦

谢谢赵慧检察长。大家好，我是武汉大学法学院的熊琦，今天很荣幸能够参加这个活动。看到了金林老师的大作，我想谈谈一些感受。

我注意到刚才几乎所有的评议老师都提到了一个话题，即贿赂犯罪的法益，需要一个终极的追问，至少要追问到与个人法益有某种联系，我个人对此非常赞同，因为我曾经就这个话题也写过相应的文章，其中的一个观点也是说至少要追问到和个人法益有某种联系，但是经过一段时间，也接受了一些讨论，然后我对自己的这个观点有某种怀疑。今天在听陈老师的大作发表的过程中，我有几点质疑，可能需要一起参与讨论。

第一，就是我个人觉得，您提出的两个层次的法益观非常有价值，我们暂且先不讨论第二个，就谈第一个的话，我个人认为您实际上是在做一个叫"函数表达式"的反应方法，就是$y=f(x)$，这个x实际上指的是跟个人法益有关的那些东西，它可以是自由，可以是财产，可以是生命健康，什么都可以，但是它一定要满足函数f。这个函数f指的是它一定要有一个三角关系的存在。我个人觉得这个非常新颖，非常有价值，但是我来提一个问题，这是不是一种颠覆性的表达方法？因为我们都知道法益在德国的通说里面，它得是根源式的，它得是个具体的、可识别的利益形态。如果它现在从一个具体的东西变成了一个表达式，变成了一组函数的条件，这是不是一种颠覆性的表达？这是第一个问题。第二，如果是，我们需要怎么样去解释或者去回应这种颠覆？如果不是，根据我的理解，我们可以把它看成不是颠覆性的表达，这种情况下$f(x)$实际上是寻找x的一种方法，寻找x的一种路径。如果这样理解，假设我们能够找到这个x，具体是财产，具体是健康，具体是公共安全，为什么我们不直接去定行为人的罪？刚才哪位老师好像也提到这是不是一个共犯问题，或者这是不是把贿赂犯罪理解成这些犯罪的危险犯的问题，或者是它的一种前置保护的问题，是一种兜底罪的问题？似乎和我们现在、和全世界的司法实践也不完全一致。从这个角度来理解，是不是就说明我们现在不做这种理解，独立地去理解贿赂犯罪，一定是它在 $f(x)$ 这个法益上面还是有某种独立性，有某种独立存在的特性，以至于它似乎也确实不全是一个个人法益方面的问题，或者是一个通过 $f(x)$ 去寻找个人法益的问题。这是我自己的某种困惑，今天借用这个机会跟陈老师讨论。

主持人：赵 慧

接下来，我们让这边的同志发言。

发言人：刘心仪

各位嘉宾、各位老师好，我是清华大学博士后刘心仪，也是武汉大学毕业的，所以今天很高兴能够回到武汉大学。关于陈金林老师的这篇论文我今天有很大的启发，我有三个方面的问题。

第一个方面就是，陈老师是从一个委托人、代理人和客户的三角关系出发，在这里又存在一个利益冲突，就是代理人一方他要代表着委托人的利益，一方要代表着客户的利益。我想问在陈老师的二层法益论的第一层里，陈老师说其实受害人是第三人，这个第三人在三角关系中在哪里？这是第一个问题。

这个方面的第二个问题是，我感觉在这里是不是存在利益冲突，好像陈金林老师只是肯定了只有枉法的行为才存在利益冲突,我不知道是不是我误读,如果不枉法的行为不能放在这个三角关系里,那这个三角关系还能不能用来解释整个贿赂犯罪的基本构造?

关于三角关系方面的第三个问题是,从这个三角关系来看,好像贿赂犯罪和背信罪有一定的相似之处,陈老师觉得它们之间的区别又在哪里?特别是如果考虑到《刑法》第一百六十三条跟第一百六十四条,非国家工作人员受贿罪和对非国家工作人员行贿罪,好像这里保护的法益是委托人的法益,也就是比较像陈老师在二层法益论的第二层提出的财产法益,但是第一百六十三条和第一百六十四条又是在秩序类当中,它的体系位置又该怎么解释?

第二方面在二层法益论当中,可能是我没有深刻理解陈老师的文章,感觉文章中的观点好像混淆了第三百八十九条第一款对行贿罪的一般规定,和第三百八十九条第三款对不予处罚的规定,它们之间的特殊关系,以及处罚不正当利益的行贿,但是处罚所有受贿,也包括为了正当利益,这两组对应关系。特别是在考虑到第二点,它的法益的时候,陈老师似乎在考虑行贿人到底有没有利益上受损,如果行贿人没有获得受贿人给他谋的利益,结果他自己还送了贿赂,他实际上是利益受损的,这个时候他是受害人。我的问题是,假如受贿人确实为行贿人做了他请托的行为,可是前后一比较,发现受贿人为行贿人做的行为只值 2000 元,但行贿人送的贿赂有 2 万元,这个时候到底要不要处罚?这是一个问题。

从这个二层法益当中,我觉得还有一点疑问是,我感觉陈金林老师在前面对国内关于贿赂犯罪的各类学说批判当中都提出了它们局限在公职人员贿赂,而且还局限在第三百八十五条跟第三百八十九条,但是感觉其后的论证又回到了第三百八十五条跟第三百八十九条。

一方面,他不能够解释第三百八十八条斡旋受贿罪和第三百八十八条之一利用影响力受贿罪,它们的对立面行贿罪中为什么没有第三百八十九条第三款不予处罚的规定?另一方面是,在第一百六十三条和第一百六十四条当中,对于非国家工作人员的贿赂行为,也损害了第三人的利益,这个时候还能说保护的就是行贿人吗?

第三个方面是受刚刚发言的熊琦老师的启发,熊琦老师也是我本科时候的刑法老师。关于法益的问题,陈金林老师在论文当中似乎首先要提出一个犯罪学上的贿赂概念,我想知道这里的贿赂犯罪的法益是不是对应犯罪学上的贿赂概念?陈老师又说这个法益概念要限缩处罚范围,要有限制刑事立法的正当化功能,问题是贿赂,正如陈老师在文中所说,可能发生在各个领域,在公职领域、经济领域、政治领域,甚至在医药领域、体育领域,如果要创造一个法益概念,涵摄上面所有的领域,这个法益概念一定非常的大,这么大的法益概念如何又可以用来限制不同类型、发生在不同领域的贿赂犯罪?如果不用这么大的一个法益概念,是不是其实没有办法提出一个笼统性的、一般的贿赂犯罪概念?以上就是我的问题,谢谢大家。

主持人:赵 慧

我发现今天有很多实务界的同志。希望实务界同志能够针对金林老师的观点有一些启迪和看法。

发言人：胡　昶

各位教授、前辈、同仁大家好，我是武汉市纪委胡昶，听了陈金林老师整篇文章的讨论以后，有一点我充满了疑惑，刚刚隗佳老师也谈到非枉法型贿赂中的敲诈推定这个问题，我在听的过程中想了两个例子。在现实过程中，陈金林老师是基于受贿人，就是国家公职人员的所有执法都是公正的这一前提，但是在实务中会发现，很多情况下不一定是基于这个条件，比如第一种情况是正常的许可行为下，是三天内必须办理许可证，但是在实务过程中，因为失职或者渎职的原因，当事人主观上可能希望行为人来给自己送钱，故意地拖延；也有客观上，因为人员力量不够，导致许可证不能够按期发放，行为人为了维护自己的权益进行行贿，这是第一种情况。第二种情况就是在行政执法过程中，举个简单的例子，比如跳广场舞，跳广场舞会产生生活噪音，某个广场舞团队在寺庙或者学校附近跳广场舞，严重影响了寺庙和学校的秩序，这个时候学校和寺庙也有可能通过行贿的方式来让执法行为变得更严格，或者让这个噪声执法的行为变得更及时、更恰当。在这种情况下，实际上是因为公职人员的失职、渎职或者懒政、庸政的行为给行贿人本身的利益造成伤害，他去行贿是为了挽回他的利益损害，并不是他的行贿资金受到损害。在这种情况下，我觉得是因果关系的混淆，行贿人受到的损失是由公职人员的失职、渎职行为或者懒政、庸政的行为给他带来的。其实可以看到，在许可这个单向的行为中，他行贿是为了维护自己的利益。在行政执法活动过程中，旁边还有同样受益的第三人，第三人也会因为行贿的行为受到了利益，但这种情况下，受害的实际上是国民对公职行为的期待性。我们不需要通过行贿的方式来获得正常的公职行为和秩序维护，可是因为行贿人为了获得一个严格的执法行为，他去行贿了，导致其他的国民可能在期待获得同样的执法行为的时候，也要去做出这样的行为。陈金林老师认为这中间会存在一个敲诈的推定，我们刚刚可以看到，实际上受贿人也就是国家公职人员，他可能存在一个敲诈的推定，就是他故意地去为难你，让你来给他送钱，他也可能只是因为工作上的客观条件达不到，人员力量达不到，并没有受贿或者索贿的故意，如果这种情况下去推断公职人员存在敲诈的故意，在实务中确实有些失当。谢谢大家。

主持人：赵 慧

为了让在校的学生能够充分地参与这次学术讨论，我们把最后一个发言的机会给我们在校的学生。

发言人：王一冰

大家好，我是中南财经政法大学刑法学博士生王一冰，非常感谢主持人，也非常感谢会议的主办方能给我这次学习的机会。关于法益的问题，我想向陈老师请教一下，您提到关于法益的检验，既要进行系统周全性的检验，又希望这个法益能够有一种确定性，能够对具体罪名的认定有指导。我想请问一下陈老师，怎么样能够去协调好这二者之间的关系？如何更好地协调法益的应然和实然？这个问题想向陈老师请教一下，谢谢陈老师。

主持人：赵　慧

幸福的时光总是很短暂，但是我们想说，还有很多机会进行交流。最后我们请另外一位评论主持人张勇教授对我们这一阶段的讨论做一个小的总结。

主持人：张　勇

刚才有六位发言人，分别向我们的报告人提出了一些问题，我觉得都非常好，问题的针对性、敏锐性，和今天我们的评论人，都一样的精彩。前面两位老师，我们的史令珊博士谈到了介绍贿赂，还有对重受贿、轻行贿的刑事政策的反问；我们的熊琦老师，他提到陈金林老师的理论有没有达到颠覆性的表达，如果没有达到颠覆性表达，能不能自证其说；另外还有一个武汉大学的校友，她提到贿赂罪与背信罪之间的关系问题，以及在陈老师的报告当中关于处罚的各方面观点，是不是有矛盾之处；另外还有来自实务部门，纪委的同志谈到，受贿行为因果关系的问题；还有我们最后一位同学，中南财经政法大学的同学，提到了法益的检验。这些问题我们觉得非常好，因为自由讨论的时间受限，我们没有回应提问的时间。我也非常赞同陈金林老师的精彩发言和他的观点，我觉得理论离不开立法和实践，但是要适当地超出立法和实践来进行引导和提升。最后我也非常感谢我们的会议团队。我们就隆重请出陈老师。

回应人：陈金林

谢谢主持人，感谢各位提问人的提问。今天真是特别幸福，这么多高水平的学术性交流和探讨，这么高水平的学术批评发生在我自己身上，没有一点尴尬的感觉，只会觉得这是一个非常非常难得的机会，让自己可以在这篇文章以及在所有做学问的方式上有所长进。对具体的问题回应，可能我只能简短地展开一点点。

第一点，我们究竟在什么样的层面上理解法益？我觉得所有的、纯粹形式的、体系内的法益是没有必要存在的。为什么没有必要存在？因为我们抛开这个概念，用其他所有的立法目的完全可以实现同样的功能，那我们为什么要去找这样一个法益？所有解释的法益和指导立法的法益都必须是能够限制犯罪成立范围的，比如陆勇案，最后限制犯罪成立，难道就去用一个形式的法益来解释它吗？

第二点，法益能够起的功能是非常有限的，我跟熊老师持同样的观点，就是法益在解释所有犯罪时，它只是所有犯罪函数的变量中间的一部分，比如区分非国家工作人员受贿和国家工作人员受贿，它们的法益可以是完全一样的，但是它们的其他方面有很大的差异。比如非国家工作人员受贿，它的监督者监督的动力和监督的效力要远远高于国有单位，因为国有单位的最终受益人是所有的人，而非国有单位的受益人就是股东，就是他的出资人，这两者之间的效力解释了为什么非国家工作人员受贿和国家工作人员受贿有非常明显的差别。然后还有一些具体的问题，比如斡旋受贿的解释以及介绍贿赂的解释，我希望都纳入这个体系里面。当然一直以来有一个问题就是，我们把行贿的人当成受害人来保护妥当还是不妥当？回到具体的生活场景里面，他是不是配当被害人，他是不是真的受到权力的制约？我相信当前有非常多的情形，他确实没办法，难道我不是为了维护我一点微薄的利益而受过了吗？所以条文很多时候给受贿人制约被害人留下了空间，我是希望把这个空间用学术的语言表达出来，然后把具体的场景里，谁的利益以什么样的形式受到侵害，把它转化成一种学术上的总结，未必妥当，但是今天有一个特别好的机会，让我收到了这么多的信息，我一定下去慢慢消化，给各位交出一个答案，谢谢你们。

主持人：张　勇

谢谢报告人陈老师，刚才他用比较短的时间做了回应，时间太有限了。接下来是我们的茶歇时间，还有后面的第二场报告，还有明天，如果有时间的话，大家可以继续跟陈老师做交流，自由讨论就到此结束了，大家稍作休息，精彩继续。

主题报告二

主持人：白岫云（《中国法学》编审）
　　　　欧阳本祺（东南大学法学院教授）
　　　　易明群（《中国法律评论》执行主编）
　　　　高　巍（云南大学法学院教授）
　　　　陈罗兰（《法治研究》副主编）
报告人：马春晓（南京大学法学院副教授）
评议人：吴峤滨（最高人民检察院法律政策研究室法律应用研究
　　　　　　　　处处长）
　　　　郭泽强（中南财经政法大学刑事司法学院教授）
　　　　陈珊珊（苏州大学王健法学院副教授）
　　　　杨绪峰（中国政法大学刑事司法学院讲师）

一、报告

主持人：白岫云

下面进入本单元第二场主题报告的环节，让我们把宝贵的时间留给学术研讨，有请本场主题报告的报告人，来自南京大学法学院的马春晓副教授。他报告的题目是《"感情投资"型受贿的规范本质与体系解释》。

报告人：马春晓

"感情投资"型受贿的规范本质与体系解释

各位老师、各位同仁大家下午好！今天我向大家报告的题目是《"感情投资"型受贿的规范本质与体系解释》，主要分为四点进行报告。第一点是关于司法现状及问题的提出，主要介绍了贿赂犯罪主流样态的转变以及目前关于"感情投资"型受贿的司法现状；第二点是要阐释"两高"在2016年4月18日发布的《关于办理贪污贿赂刑事案件适用法律若干问题的解释》（以下简称《贪污贿赂刑事案件解释》）第十三条第二款。被称为"感情投资"条款，它的法条性质和法理危害；第三点是这一法条最核心的职权要素，即"可能影响职权行使"，在实务中究竟应当秉持怎样的判断思路，而这种思路当前面临怎样的困境；最后一点是在方法论上寻求对既往的判断思路进行超越，基于这样的方法论，形成能够解决目前实践中"感情投资"问题的相关判断标准，依照这样的标准，再回到实践中去，尝试类型性地认定所有与"感情投资"相关的犯罪。这是我今天汇报的四点内容。

第一点内容是司法现状与问题意识。大家都知道，党的十八大以后，我国坚持持续高压的反腐态势。在这种高压的反腐败政策的影响下，腐败领域的犯罪现象呈现出两种趋势。第一种是当前讨论比较热烈的新型腐败，也就是呈现出从传统的腐败形式转变为新型腐败的趋势；第二种则是腐败形式呈现出从先前比较明显的"一事一贿"的"赤裸裸"的贿赂，转变为车浩老师所说的"含情脉脉"的隐性贿赂模式。"感情投资"就是这种隐性贿赂模式下的一个典型标本。

通常我们在现象学上会认为"感情投资"包括以下四点特征：第一，通常发生的时间段是逢年过节、婚丧嫁娶、乔迁贺寿等特殊时期，且往往具有长期性；第二，国家工作人员借人情往来名义，收受他人赠送的礼品、礼金；第三，双方通常不会表明具体的请托事项，但是对"权钱交易"实际上是遵循着心领神会的默契；第四，实际上行贿人是想通过长期的投资去追求长线收益，所以行贿人看似没有具体的请托事项，但其实是想在双方建立稳定的感情基础之后，再由国家工作人员择机为其进行牟利。

就像霍姆斯教授在《腐败》这本书里面讲到的一样，判断特定行为是否构成腐败，最复杂的问题之一就在于如何区分礼物与贿赂。实践中，对于"感情投资"的认定其实也面临着这一二律背反的问题。如果认为现行法律不能够评价的部分，就尽可能地将其认定为灰色的收入，可能会削弱腐败治理的力度。就像"文强案"中，一审开庭时文强和他的辩护人所提出的，"公诉人把我的这个款项算少了，因为我有大量的款项其实属于'感情投资'，是他们来看望我的"。如果这些款项全部都认定成是"感情投资"的话，很显然将削弱腐败治理的力度。但是从其他方面讲，把它认定成一种新型的、隐性的腐败手段，刑法就面临着一个问题：这种新型的腐败手段似乎超越了我国《刑法》第三百八十五条受贿罪的犯罪构造，那么刑法应当如何动态地应对这种新型的、隐性的犯罪类型？这其实是学理上需要解决的重要问题。

在2016年《刑法修正案（九）》（草案）研讨过程中，有两条立法思路。第一条立法思路就是"做减法"。所谓的"做减法",就是把第三百八十五条受贿罪里面的为"他人谋取利益"这一构成要件要素拿掉。拿掉之后就意味着,受贿罪可以对具有抽象对价关系的"权钱交易"行为进行评价。第二条立法思路是由北京大学陈兴良老师和南京大学孙国祥老师所倡导的,就是新设一个"收受礼金罪"或者像日本一样设立"单纯受贿罪"的专门罪名。换言之,这个立法思路不是在罪名体系内部解决问题,而是通过完善我国贿赂犯罪的罪名群,从而完善相关的罪名体系。这两种方案的思路其实是一样的,就是贿赂犯罪(贿赂犯罪群)的门槛要降低,要把具有抽象"权钱交易"关系的贿赂犯罪行为纳入其中。但是这样的思路,最后并没有体现在《刑法修正案(九)》中,而且全国人大常委会法工委最后在评价这种立法思路的时候也表明,这个问题在当时是有争议的,所以并没有像学者们所设想的那样去增设罪名或者作相应罪名的修正。

但是在《刑法修正案(九)》出台后不久,我们会发现,在今天讨论的 2016 年"两高"发布的《贪污贿赂刑事案件解释》第十三条第二款中就增设了所谓的"感情投资"条款,也就是国家工作人员索取、收受具有上下级关系的人员财产 3 万元以上,可能影响职权行使的,视为承诺为他人谋取利益。在这个条款出来之后,实践中的"感情投资"现象就一分为二了,有一部分根据 2016 年《贪污贿赂刑事案件解释》的规定有条件地做了入罪化的处理,还有一部分其实是《贪污贿赂刑事案件解释》所不评价的,由党纪所评价,或者党纪也不评价。

当时《贪污贿赂刑事案件解释》出台之后,"两高"在新闻发布会上表明,他们其实是通过这部《贪污贿赂刑事案件解释》，对实践中一直以来存在争议的问题定分止争。但是2016年的《贪污贿赂刑事案件解释》到今年也六七年了，实践中是不是真的像"两高"《贪污贿赂刑事案件解释》所说的，对这个问题定分止争了呢？经过我的检索，我觉得好像并不是这样的情况，实践中的分歧还是很大。根据大量的判决，目前实践中的分歧主要呈现为以下几点：

第一点是"感情投资"型受贿的成立是不是要对应具体的请托事项。你会发现有的判决书认为不需要，有的判决书要求有概括性的谋利才可以成立，有的判决书要求必须有具体的谋利事项，否则就不能认定为"感情投资型"受贿。

第二点是应当如何判断"视为承诺为他人谋取利益"。有的判决书认为，只要有上下级的关系，收钱超过3万元就可以了；有的判决认为，不止要有前两个要素，还要可能影响公正行使职权；有的判决认为，必须明知他人具有具体的请托事项。

还有一个分歧是3万元作为犯罪的界限要素、罪量要素，究竟是指一个人的财物数额还是针对多个人财物数额的累加，你会发现实践中对这个问题的分歧也很大。

实践中有这么大的分歧，而"感情投资"某种意义上又代表了受贿犯罪处理的最边缘，它实际上关系到受贿犯罪处理的边界，它本质上是一个"牵一发而动全身"的问题。所以对于这一问题的思考，就有必要回到体系性的思考中去，首先阐释清楚"感情投资"条款的法条性质、法理内涵是什么，再在这个基础上，形成妥善解决实践中问题的方法论，引导司法进行适用。于是就进入了我汇报的第二部分，关于"感情投资"条款的性质。

第一个提出来的性质就是法律拟制说。法律拟制说认为我们通过 2016 年的《贪污贿赂刑事案件解释》创设出了一个新的受贿罪的犯罪类型。支撑这种处理方式的逻辑是什么？就是我国司法实践中长期存在的"司法造法"或者说"司法犯罪化"的现象。某种意义上说，立法不能对一种新的类型的犯罪行为进行规制，于是通过解释的方法，让司法先走在前面。我可以给大家举个最典型的"司法造法"现象的案例，1998 年的时候，面对祖国神州大地一片传销的情况，我国有一个关于禁止传销的通知。既然在法律层面、行为规范层面否定了传销行为，司法实践中就面临着要如何处理的问题。所以 2001 年最高人民法院就有了一个《关于传销或者变相传销行为如何定性问题的批复》①。在这个批复中，最高人民法院明确回复说适用非法经营罪。后来以非法经营罪处罚传销的这种做法一直延续到 2009 年，直到《刑法修正案（七）》的出台，增设了组织、领导传销活动罪，才有了一个专门的罪名。之前我们是通过"司法犯罪化"的方式进行处理的。

所以按照这样的逻辑，这一次看起来也是一样的做法。但是我觉得这一次的处理又不一样，为什么不一样？因为你会发现以非法经营罪处罚传销行为，包括以危险方法危害公共安全罪去处理高空抛物、妨碍公交驾驶的行为，都是因为当时其实没有一个合适的罪名，所以需要去软性解释法律，去做这样的论证。但是这一次的处理很奇怪，在《刑法修正案（九）》（草案）出台的

---

① 该批复全称为《最高人民法院关于情节严重的传销或者变相传销行为如何定性问题的批复》（法释〔2001〕11 号）（已废止）。

时候，立法上是有这样的提议的，只是立法者觉得立法时机不成熟，换言之就是有个立法的留白，这是一个刻意的留白。在立法刻意留白的时候，反其道而行之，通过司法进行犯罪化，我觉得这既不符合立法者的明确意图，也就是车浩老师说的不符合分权的原理，同样也不符合司法规范性文件的要求。在2016年的《贪污贿赂刑事案件解释》的理解和适用里面，它也明确强调，在《刑法》没有增设"收受礼金罪"的情况下，受贿罪的认定要把握一个底线。这个底线就是2003年的《全国法院审理经济犯罪案件工作座谈会纪要》①（以下简称《纪要》）所确立的具体请托事项。也就是说，无论是从立法还是司法的角度都反对法律拟制说。

第二个是注意规定说。持这样观点的学者认为，这是一个注意规定，这个条款就是告诉司法人员，贿赂犯罪里面的承诺，既可以是具体的，也可以是概括的，既可以是当下的，也可以是将来的。注意规定说相对于法律拟制说而言，很想解释司法没有越权的逻辑。但是我想说的是，注意规定说从某种意义上来说和法律拟制说起到的是同样的作用，它把"为他人谋取利益"这个构成要件给架空了，所不同的是一个是在罪名之外架空，一个是在构成要件之内架空。它所面临的问题就是2003年的《纪要》和2016年的《贪污贿赂刑事案件解释》，虽然对"为他人谋取利益"进行了扩张，将其扩张到承诺，而且明知他人有具体请托事项的，也视为为他人谋取利益。但是自始至终，关于受贿罪的认

---

① 该《纪要》全称为《全国法院审理经济犯罪案件工作座谈会纪要》（2003年11月13日最高人民法院文件，法发〔2003〕167号）。

定都要求为他人谋取利益和具体的请托事项存在一定的实质性,注意规定说很显然突破了这样一个底线。而且,在受贿罪的构成要件中,"利用职务便利"所体现的其实就是权钱交易的抽象关联性。为什么需要"为他人谋取利益"?是因为仅有"利用职务上的便利"的行为,不能够完整地确定权钱交易情况是否存在,需要"为他人谋取利益"对利用"职务上的便利"进行补强,所以这两个客观要素是缺一不可的,它们共同叠加构成了财物和特定职务行为之间的对价关系。

第三个就是法律推定说。法律推定说是想跳出法律拟制说和注意规定说的二分,这个理论是由孙国祥老师和车浩老师所提出的。这其实是一次能动性的司法解释,或者说在学理上是一种功能主义的解释方法。在立法没有规定的情况下,通过法律推定这样一个很特殊的方式,把"感情投资"由所谓的实害犯扩张到可能影响职权行使的具体危险犯,把这种具体危险的状态视为承诺为他人谋取利益。司法通过法律推定的方式,就能够很好地实现对受贿罪构成要件范围的扩张,以弥补立法的不足,从而妥善地解决当下亟须解决的"感情投资"型贿赂案件的办理问题。从某种意义上说,也是满足老百姓的民意诉求。相对于法律拟制说而言,法律推定说不存在严重冲击罪刑法定与结论无法反证的问题;相对于注意规定说而言,法律推定说很好地把握了特定行为和具体请托事项之间必须具有实质关联性的底线,避免了受贿罪处罚范围的过度扩张。

但是法律推定说其实也面临着质疑,其把受贿犯罪从实害犯扩张到了具体危险犯,换言之,它和那种具有抽象权钱交易关系的抽象危险犯之间仅仅具有一线之隔，如果不能很好地去限定它，必将导致司法的处罚无序扩张。所以最关键的问题就是，如何从法律推定说的角度去妥善地适用"感情投资"条款，更好地实现法益保护和人权保障的平衡，进而保障法的安定性？在这样的分歧中，需要解决以下两个问题：

第一，"感情投资"条款的适用对象是什么？这个问题的核心就是《贪污贿赂刑事案件解释》第十三条第一款和第十三条第二款之间究竟是怎样的关系。实际上有两种判断，"同一说"认为，作为第二款的"感情投资"条款和作为第一款的"为他人谋取利益"条款应当坚持相同的判断标准，也就是必须与具体的请托事项相关联；"区别说"则认为，如果感情投资和具体的请托事项有关联的应当适用第一款，而所谓的"感情投资"条款是指没有具体的请托事项，而是通过推定的方式认为可能会有具体的谋利的情形，只有这种情况才是"感情投资"条款所涵摄的内容。

从这两种学说的评析角度出发，我认为"同一说"其实和法律推定说本身是矛盾的。因为根据法律推定说，"感情投资"条款需要进行推定，由实害犯扩张到具体危险犯。如果坚持要有具体的请托事项，只要适用第十三条第一款就可以了，并不需要额外制定第十三条第二款。另外，我觉得"同一说"忽视了从2003年《纪要》到2016年《贪污贿赂刑事案件解释》的语义的变化。因为在《纪要》中，明知他人有请托事项而收受他人财物的，视为承诺为他人谋取利益，但是到《贪污贿赂刑事案件解释》出台，明知他人有请托事项的已经不再被"视为"承诺为他人谋取利益，而是"应当"认定为为他人谋取利益，恰恰是"感情投资"条款才视为为他人谋取利益。也就是说从2003年的《纪要》到2016年的《贪污贿赂刑事案件解释》，其实司法解释的语义做了大幅扩充。

根据"区别说"，我认为应当入罪的"感情投资"条款包括两种情形：第一种是已经有具体谋利事项的，可以和"感情投资"对应上的，这种叫"已经危险现实化"的"感情投资"，适用《贪污贿赂刑事案件解释》第十三条第一款；第二种是"尚且没有危险现实化"的，但是属于具体危险状态的"感情投资"，那么就适用第二款。

第二，应当如何解释"感情投资"条款中的判断要素。对此学理上和实践中也有"两要素说"和"三要素说"的区分。在《贪污贿赂刑事案件解释》刚出台时，最高人民法院的法官也好，最高人民检察院的检察官也好，提出我们其实只要两个要素就可以了。也就是说，只要有主体的要素，上下级关系或者行政管理对象之间，还有一个数额要素3万元就可以了。最高人民法院的法官当时说，其实认定"可能利用职务便利"只要满足前两个要素基本上就没什么问题了，一般不会有反证。但是实践中，学理上也有认识，实践中也有判决，还是觉得职权要素（可能影响职权行使）是必不可少的。我个人也觉得，职权要素是必不可少的，因为如果认为"感情投资"条款只需要有两个要素的话，那么实际上还是把"感情投资"条款解释成抽象危险犯，如果把它理解成是具体危险犯，那就要对"视为承诺为他人谋取利益"进行分析，而这一块恰恰是"权钱交易"具体危险判断的实体性要素，需要司法人员承担举证和说理的义务。如果要把这一块解释清楚，至少我们在学理上就这个法条的性质和法理内涵要形成共识，接下来的问题是要讨论备受争议的"权钱交易"具体危险的判断——"可能影响职权行使"的判断思路，以及目前实践中的判决所体现出的困境。

在实践中，关于职权要素，我梳理了一下大概有两种判断方式：第一种判断方式就是整体性的判断。整体性的判断方式又包括两种，一种是以关系紧密程度做出的判断。有的学者和一些判决书中提到，认定时要去考察行贿人和受贿人之间，彼此之间的关系怎么样，关系越紧密就越有可能为他人谋取利益。但是我觉得，关系紧密程度其实只是可能影响职权行使的一个必要条件，而不是一个充分条件。比如说上下级之间，既有工作关系也有亲属关系，这种情况在实践中也是有的，很显然他们的关系是紧密的，但是他们之间的往来就一定是感情投资吗？其实也不一定。整体性判断的另一种方式就是有些学者提出，参照双方的关系，对数额和行贿、受贿的具体事实进行社会相当性的判断，也就是从一般老百姓的角度判断是不是可能影响职权的行使。我觉得社会相当性的判断其实就是"绕着问题走"的判断思路。且不说社会相当性本身是过于抽象和概括的，最关键的问题就是社会相当性的判断方式没有办法对判断的要素和判断的对象进行限定，所以很难作为一个很好的判断标准去达到同案同判的效果。

第二种就是要素式的判断。这一部分学者和实践中的判决认为，"可能影响职权行使"的判断问题，其实就是对"为他人谋取利益"的判断。"为他人谋取利益"在学理上有主观说、客观说、新主观说、新客观说之分,要尽可能地回到新主观说和新客观说中去,对"可能影响职权行使"进行具体判断。

从客观要素进行判断。我觉得客观要素的判断没有提出超越社会相当性判断的标准,同时在学理上,"危险"这个概念就不是一个纯客观的概念。另外,从主观要素进行判断,要增加对"明知他人有请托事项"的判断。的确,加了主观要素之后,由于判断的要素更多了,似乎可以得出更清晰的标准。但是"明知他人有请托事项",我认为应当适用《贪污贿赂刑事案件解释》第十三条第一款,而不应当适用"感情投资"条款。所以我觉得两种判断方法其实在方法论上都有问题,也就是无论是整体式的判断也好,还是要素式的判断也好,它们之所以不能够建构关于具体危险判断的有效标准,就是在以下两点上存在问题。

第一个问题就是,始终停留在经验判断的层面上,也就是说把是否"容易发生危险"、是否具有侵害的"高度可能性"交给法官的生活经验,缺乏规范的判断方法。山口厚教授在他的教科书上也讲道,"因果的通常性"在规范判断上是没有实质意义的。第二个问题就是,仅仅从法益论的视角去判断一个具体危险的状态,而忽视了行为规范对危险属性设定的影响。我认为,构成要件是源自规范的,而规范则源自法益,所以对于构成要件及其要素的判断就不能仅仅停留在法益的单一视角,而是要同时关注行为和规范违反。

正是遵循这样的思路,我认为要对"可能影响职权行使"做规范判断。这样的判断,就像车浩老师说的,就是有没有人情往来的预期，我觉得这样的预期其实是要往前推。在《乡土中国》里，费孝通老师就提出我们中国社会其实是一个"礼俗社会"。所谓的"礼俗社会"就是讲究人情的，在讲究人情的过程中，礼物承担着人情的前提和基础的作用。我认为，礼物可以分为两种，第一种礼物是表达性的礼物，通常用在具有人身对等性的人之间，双方社会差距不是很大，在社会往来的过程中，礼物的交换就是情感和交流的呈现，无论是送礼人还是收礼人都不会背负沉重的"人情债"。第二种礼物就是直接奔向权力的，叫实用性的礼物，送礼人之所以给收礼人送贵重的礼物，某种意义上说，一方面要弥补社会地位上的差距，另一方面就是要让收受礼物的人背负与权力相关的"人情债"。因为就像法国人类学家莫斯在《礼物》那本书里讲到的，"所有的礼物都要求被有尊严地回报"。这种"有尊严的回报"会使收礼物者产生一种强大的义务感，双方在长期的感情投资过程中，就形成了一种默契，当这种默契到达一定程度，就是关于"权钱交易"的一种不法契约的形成。也就是说，虽然双方暂时没有具体的"权钱交易"，但是这种附着在实用性礼物上的权力回报的义务，就使得这样的对价关系在日后的某一天会具体化。所以我认为"可能影响职权行使"的规范意蕴，就在于国家工作人员违反了清正廉洁的行为规范，因为收受超越礼尚往来范畴的实用性礼物，进而承担相应的权力回报的义务，导致受贿罪所保护的法益处于紧迫的危殆化状态。其中违反规范收受礼物而承担权力回报义务具有行为危险性，而法益处于紧迫的危殆化状态则具有结果危险性，我认为要从行为危险性和结果危险性两个维度去判断具体危险的成因。

最后，关于"感情投资"的认定，我认为还是要做出类型化的区分：

第一种是单向型的"感情投资"。所谓单向型的"感情投资"就是低级别的人对高级别的人单向的"感情投资"，换言之，就是只有往而没有来。对于这种只有往而没有来的"感情投资"，我认为它的行为危险性和结果危险性是比较明显的。给大家举一个赖某的案子，有个人七年时间送给赖某928000元，最后法院因为没有具体的请托事项，对这一笔就不予认定了。这是一个很大的数额，所以我认为这个判决是有问题的。第一，就像我说的，法院对"感情投资"的条款有误解；第二，"感情投资"只有往没有来，从某种意义上来说就是超越人情往来的成分；第三，最高司法机关也觉得，只要能够排除正当的人情往来就应当认定为受贿，换言之，这样的情况原则上认定为是犯罪，只有通过正常的人情往来才能排除；我认为现有的证据也能够证明这个漏洞，案件中提到"即将在新疆实施项目"，虽然请托人的具体请托事项没有提出，但是一定是处于具体危险的状态的。

第二种是双向度的"感情投资"。第二种类型相当于双方有来有往，那就需要与第一种类型进行区别。这种情况下，在往来过程中实用性的礼物和非实用性的礼物之间的权重是很重要的，如果说大量的礼物都是表达性的礼物，只有少量的礼物是实用性的礼物，那我觉得这个时候原则上这一笔可以不认定为"感情投资"。我给大家也找了一个案例，白某某受贿案，其中白某某分五次收了某某5万元，两次是他儿子结婚，一次是他父亲葬礼,还有两次是他们在一起打麻将,同时某某的儿子结婚和女儿结婚的时候,白某某也给了1万元。最后法官就做了一个减法,就是5万元减2万元等于3万元,但是我觉得这笔不应当认定是3万元而应当认定是2万元。打麻将的那两笔,我觉得是"感情投资",因为通过案件事实可以看出来;双方红白喜事的往来就是1万元一次,之所以白某某少给了一次,是因为没有这样的机会,如果说某某有这样的机会,这里就不存在差额了。所以我认为,如果是基于这样的判断,那这3万元就是表达性的礼物,不应当认为是"感情投资",但是也不影响这个案件的其他处理。如果有大量的礼物都是实用性的礼物,但是也有少部分的礼物是表达性的礼物,事实上是可以酌定处理的。上面这个案例我觉得表达的还是不够彻底,在我的文章里面还有另外一个案例,双方之间其实没有关系,但是收礼人职务调动,变成分管矿务的领导之后,送礼人就送给他一块4万多的帝陀手表。我认为,以往的送礼的确可以认定成人情往来,但是当他职务变动,成为分管领导之后,送礼人送给他的这个4万多的帝陀手表,就不是一个表达性的礼物而是一个实用性的礼物,这种情况下应当作为实用性的礼物进行认定。

关于"感情投资"数额3万元的认定。我觉得分两种情况:第一种情况是,如果在"感情投资"的过程中,已经对应了具体的请托事项,即使前面没有达到3万元,也应当和后面的数额一并认定,因为这个时候适用的是受贿罪的条款;第二种情况是,如果是一个存在具体危险的状态,是尚没有危险现实化的"感情投资",那我觉得3万元是一个界限要素,换言之,受贿人必须累计收受同一对象的财物满 3 万元，才能够在某种意义上证实产生了"权钱交易"的具体危险状态，而且这也可以更好地区分违纪和违法。

最后一分半钟我讲一下我的结论：第一个，我认为司法实践中的"感情投资"包括两种情况，第一种情况是具体的请托事项已经获得承诺甚至实现的"感情投资"，这种情况应当适用《贪污贿赂刑事案件解释》第十三条第一款，也就是"为他人谋取利益"的条款；只有处在具体危险状态，但是极有可能影响职权行使的"感情投资"才适用第二款，也就是我今天报告的"感情投资"条款。第二个，"感情投资"所针对的就是"权钱交易"的危险状态，这样的危险状态既要做行为危险性的判断，也要做结果危险性的判断。第三个，教义学对于"感情投资"条款的适用，其实是有体系性反思的功能的，通过教义学的解释，会发现实践中对这个条款的适用其实已经走到了极限，换言之，能动的司法在当下已经走到了极限。立法者有必要看到，当前正是因为受贿罪入罪门槛和现实产生的脱节，所以才需要司法者尽可能发挥能动性，通过功能主义的解释方法避免目前实践中的处罚漏洞。所以，我觉得教义学的反思就是要促使立法者思考现行贿赂犯罪罪名体系是不是存在不足，是不是有必要进一步织密刑事法网，对腐败犯罪作出合理的回应。

以上是我的报告，谢谢各位。

主持人：白岫云

马老师针对立法与司法解释的冲突，以及理论界与司法实务界对该问题的激烈纷争与裁判差异,结合典型案例从四个方面深入浅出地论证了"感情投资"型受贿认定的关键核心问题,提出了自己的独到见解和深刻反思。从编辑的角度来看,我认为这个报告是非常有见地和问题意识的,而且是脚踏实地地针对中国的问题,可以说是一个高质量、高水平的报告,非常感谢马教授。精彩无限,时间有限,我们现在进入第二场报告的点评环节,有请两位主持人,东南大学法学院欧阳本祺教授和《中国法律评论》的易明群主编;还有四位评论人,分别是最高人民检察院法律政策研究室法律应用研究处处长吴峤滨、中南财经政法大学刑事司法学院教授郭泽强、苏州大学王健法学院副教授陈珊珊、中国政法大学刑事司法学院讲师杨绪峰。

二、评议

主持人:欧阳本祺

我们开始第二单元的评议。我要表达一下对会务车浩教授和母校莫洪宪老师以及何荣功师兄的感谢,这次他们的邀请使我有机会在毕业多年以后,再次到这里认真地学习,这个机会非常难得。根据我和易老师事前的商量,我就做一个开场白和最后的结尾,中间的主体也是最主要的环节由易老师来主持。

刚才春晓老师讲的是"感情投资"问题的定性,确实,在中国的《礼记》中就讲了"礼尚往来,往而不来,非礼也;来而不往,亦非礼也"。礼崇尚往来,有来有往,这才叫礼,如果说你只有来而不往，收了别人东西而没有付出，可能就是刚才春晓老师讲的单向度的"感情投资"。这种单向度的感情投资，只有来而没有往；没有钱的来往，可能就会变成权的来往；没有钱与钱的对等的交易、对等的礼尚往来，就会变成法所不允许的钱与权的往来。春晓老师讲的就是在这种情况下如何理解这个问题的定性，这是一个很重要的问题。我们请到了四位专家为我们评议，下面我们有请易老师来主持。

主持人：易明群

我先简单地纠正一下，不是我负责重要的主体环节，我跟欧阳老师商量凡是涉及学术评议的环节由专家来进行，我作为期刊的编辑主要是来学习，然后发现青年的学者。在这里首先要感谢一下车浩老师，因为没有他的坚持和热情，很难组织一个这么庞大的青年论坛，而他坚持了三届。其次我想感谢一下赵春雨主任，没有他们的慷慨和慧眼，不可能有这么多人聚集在这里，开展这么好的一个论坛。再次我想感谢一下武汉大学，感谢莫教授，还有蔡颖老师，没有武汉大学老师和同学的付出，我们不会在这里这么愉快地开展一个论坛。他们特别地上心，还专门制作了好看的文化衫。最后，我想感谢一下在座的青年学者，因为我们来这里其实主要是学习和发掘人才的，截至目前我已经学习了很多，而且已经跟几位青年学者有了密切的交流，接下来我们进行进一步的学习。

刚才我跟欧阳老师说，今天是青年论坛，我觉得我有责任和义务占用一分钟时间向大家介绍一下各位青年老师。第一位评议人是吴峤滨，他是最高检法律政策研究室法律应用研究处的处长，三级高级检察官，是中国刑法学研究会的理事，他长期从事有关刑法适用问题的研究解释工作，专长领域是经济金融犯罪、网络犯罪、食品药品环境犯罪、渎职犯罪等。

评议人：吴峤滨

非常感谢车老师和何老师的邀请，有这么一个宝贵的机会来向各位专家学者、同事、同仁、同学学习和交流。为了能够表达清楚我的观点，做了一个小的PPT。刚才春晓老师的《"感情投资"型受贿的规范本质与体系解释》这篇文章，它的鲜明特点就是从一个"小切口"出发做了一个"大文章"。从写论文的角度，确实做到了"小题大做"，理论性与实务性紧密结合。

夸奖的话就不说了，下面说一下他的主要观点。第一个观点是否定了法律拟制说、注意规定说，肯定了法律推定说。我想既然是司法解释的规定，那么法律拟制说和注意规定说的问题是不证自明的。我觉得法律推定说这个大前提应该是符合司法解释的基本方向的。第二个观点是关于"可能影响职权行使"的判断要素，他讲到了三个要素说和两个要素说的分歧。我认为，三个要素也好，两个要素也好，都没有错，但是司法解释在解决罪与非罪或者是定罪量刑标准时的基本立场是，这个问题不是一个加减的"算术题"，或者一个打钩打叉的"判断题"，而是一个"论述题"。如果说人民、时代是出卷人，我们是答卷人，那么我们答的这个题一定是个"论述题"，有我们自己的价值判断在里面。所以想要建立一个可以解释这个问题的范式、公式或理论框架,在实践当中,大家就会发现,可能不见得是"放之四海而皆准"的。第三个观点是关于"感情投资"型受贿的数额认定问题。我觉得具体的数额认定,刚才也讲到了,要具体问题具体分析,具体案件具体判断。我想在座的很多实务界的同志应该也有这种体会,所以恐怕不能一概而论,有不同的判例或者判决非常正常。

我觉得报告的不足之处在于还停留在就刑法论刑法、就犯罪论犯罪,忽略了分析"感情投资"型受贿的一个大前提,就是我们有《中国共产党纪律处分条例》,有《监察法》《监察法实施条例》这些相关规定。整个文章中始终没有援引《中国共产党纪律处分条例》,没有在文章中体现重视纪法衔接和法法衔接。所以我就援引一下,在上述三种说法之外再加一种说法,也就是从司法解释的目的论的角度,提出纪法衔接说。《中国共产党纪律处分条例》第八十八条(注:现为第九十七条)中明确讲到,"收受可能影响公正执行公务的礼品、礼金、消费卡和有价证券、股权、其他金融产品等财物,情节较轻的,给予警告或者严重警告处分;情节较重的,给予撤销党内职务或者留党察看处分;情节严重的,给予开除党籍处分。收受其他明显超出正常礼尚往来的财物的,依照前款规定处理"。如果说现在法定犯的时代已经到来,我们特别重视前置法、上位法的研究,那么贿赂犯罪的前置法是什么?毫无疑问就是《中国共产党纪律处分条例》和《监察法》。这两部重要的前置法律划定了违纪行为的范围,刑法的规定则进一步划定什么样的情况可以认定为犯罪。所以从目的论的角度,我觉得第四种观点是纪法衔接说。再下来,我们应当注意和司法解释前后条款的关系，《贪污贿赂刑事案件解释》第十三条第二款讲到"感情投资"型的贿赂，但是我们应当注意它和第十三条第一款是有必然联系的。第十三条第一款讲的"为他人谋取利益"不是入罪的标准，只是入罪标准当中的一个要件，"为他人谋取利益"的认定包含实际或者承诺为他人谋取利益，以及明知他人有具体的请托事项。那么为什么接下来有第二款"视为承诺为他人谋取利益"？其实我们应该将其视为第十三条第一款第一项和第二项的逻辑上的延伸，也就是为他人谋取利益有三个阶段，"承诺—实施—实现"，现在把承诺这个阶段就解释为"为他人谋取利益"。在具有上下级关系或者行政管理关系的情况下，收受了超过礼尚往来范围的财物，就可以推定为"承诺为他人谋取利益"。所以我觉得如果论文当中的法律推定说再往前走一步，它推定的就不是入罪或者构罪的条件，而是构成要件之一——什么是"承诺为他人谋取利益"。我想司法解释的立场还是非常明确的。

另外，因为我们的具体工作就是制定司法解释，大家现在看到的"两高"的司法解释，可能有六七成是从我们手上出来的，当然有的是最高人民法院主办的，有的是我们主办的，借这个机会，我也想向大家报告一下我们对惩治贿赂犯罪的认识和体会。2016年的《贪污贿赂刑事案件解释》是司法解释一，应该最快就在这个月月底或者下个月月初，我们马上就要出台关于办理贪污贿赂案件的解释二，在这里我想说一些体会。

第一，我觉得惩治贪污贿赂犯罪要立足国情。考虑到我们是一个人情社会，讲究礼尚往来，所以受贿罪当中"为他人谋取利益"和行贿罪当中的"谋取不正当利益"这两个构成要件恐怕是要长期坚持的。即便有一些观点说要去掉，但我觉得是要长期坚持的。而且监督执纪的四种形态已经成为全面从严治党的常态。第一种形态是"红红脸""出出汗"，第二种是轻处分，第三种是重处分，第四种才是移送司法。所以我们实际上是管到了四种形态当中的最后一种形态，绝大部分情况都通过前三种形态处理掉了，这个时候就需要控制刑事打击面。

第二，惩治贿赂犯罪需要放眼时代。包括贿赂犯罪在内的任何刑事犯罪，都具有鲜明的历史性、时代性、阶段性的特征。我们现在在这里讨论惩治犯罪，绝不是为了消灭犯罪，而是通过司法机关的"治标"，为通过时代发展"治本"来赢得时间。就像通过刑法和警察没有解决盗窃罪，谁解决了盗窃罪？是支付宝和微信支付解决掉了，传统盗窃案件数量急剧下降，这就是时代发展带给我们的司法红利。所以再过 20 年回头看，今天我们讨论的任何问题可能都不是问题。

第三，惩治贿赂犯罪要胸怀天下。改革开放只有进行时，没有完成时，换句话说，我们要用改革的办法来解决发展中的问题。我们要坚持罪刑法定原则，但是我不赞成把罪刑法定原则机械化、绝对化、教条化，我也不赞成把刑法教义学变成"本本主义"或者"教条主义"。为什么 20 多年前的 1997 年《刑法》还能适用于今天的社会？原因就在于我们通过了十二个修正案，用大量的司法解释和刑事司法政策来调节、调整刑法的适用，也就是用改革的办法解决发展中的问题，这才是刑法的生命力所在。

我再说一说具体的"术"，也就是司法解释的技术。我觉得要坚持实践导向和问题意识。首先，要坚持实质判断，对于贿赂犯罪，要紧紧抓住"权钱交易"这个本质。比如说怎么去认定"利用职务上的便利"？这种职务上的隶属制约关系不限于主管关系，也不限于直接的上下级关系，而应当结合实际，结合实践中的惯例、国情形成的制度安排来具体认定。就有这种例子，一个人宴请了一个最高人民检察院的检察官，这个人其实是想在县城里开一个加油站，这跟职权有关系吗？看似没有关系，但是老百姓就觉得最高人民检察院的检察官有可能办到这个事，那是不是利用了职务上的便利？其次，要坚持综合判断，综合考虑主观、客观、行为、结果、情节以及办案效果。这就是为什么我们要推动贿赂和渎职犯罪的数罪并罚。过去一直认为贿赂和渎职有牵连关系，但是最后司法解释明确要数罪并罚，考虑办案效果。再次，要坚持换位思考，充分考虑人民群众朴素的正义观。比如说我们会研究，对于政治骗子、掮客以非法占有为目的，虚构与国家工作人员关系密切的事实，不认识但是你说认识，这就是骗。但是你真的认识，说我已经请托他办事了，但事实上并没有请托，这是不是骗？这就要倒过来考虑人民群众的感受，他很难判断你有没有去请托，但是他能判断你能不能办成这个事儿。你能办成而没有去办，恐怕就不宜定一般的侵财类犯罪，所以这也是刚才前面陈老师说到的，对国家工作人员认定敲诈勒索、诈骗、盗窃，都要慎重，他们有职务上的优势和便利，要优先定职务犯罪。最后，要坚持溯源治理，也就是惩治贿赂犯罪，要充分考虑向社会释放的信号。我们国家始终是坚持官德优于民德，所以在刑法当中从严治吏、从宽待民，以形式上的平等实现真正的法律上的平等，我想这是大家都能够接受的。

我要评议的就是这些，谢谢大家。

主持人：欧阳本祺

刚才吴处长确实讲得很好，尤其是纪法衔接的问题，提出既要立足国情坚持时代性，又要胸怀天下坚持实践导向，这对我们做学问也提供了一个很好的思路，或者说一个立场和方法，再次感谢吴处长。

主持人：易明群

我想说两句，我觉得能把实务界的同志请来，在一个学术论坛上发表观点，这是这个论坛特别大的一个功德。昨天跟车浩教授讨论，论坛的初衷就是让青年学者能够发表自己的观点，同时要请一些已经有名望或者资深的教授来点评，同时还要请实务界的同仁们来给他们的文章进行完善或指出问题，我觉得这无论是对于实务界还是学术界、青年还是中年、"小青椒"还是资深教授，都是一个特别好的交流机会。

下面我们有请第二位点评人郭泽强教授，他是中南财经政法大学刑事司法学院教授，研究方向主要为中国刑法学、外国刑法学、国际刑法学，曾在《环球法律评论》《法学》和《法学家》等期刊杂志上发表文章若干。

评议人：郭泽强

特别感谢母校的邀请，让我时隔多年以后回到母校，其实中南财经政法大学和武汉大学都是一家,所以也借这个机会欢迎大家来中南财经政法大学的晓南湖去看一看,走一走。刚才主持人介绍,我们这个会议有非常好的互动,有理论有实践。尽管我在高校,但是中间也有这么一段时间去过检察机关挂职,所以也可以说是在理论、实践方面有一些融通。刚才春晓老师的报告,我觉得非常好,有三点特别印象深刻。

第一,春晓老师的报告关注中国特色,特别是刑事法的现代化过程中的一个中国式的问题。我们国家特别注重人情往来,"感情投资"跟人情往来之间的界限怎么把握,当年我在办理这类案件的时候,也发现这是一个痛点、难点的问题,所以春晓老师关注的是一个非常重要的问题。而且,其实西方也讲礼尚往来,但是西方所讲的这种礼尚往来和我们的有所区别。我在美国访学的时候,他们也送一些礼物,但是他们的礼物都是有明确的事由的,比如说我要离开美国,他们说要给我带一些礼物,而且他们是当面去拆这些礼物的,在我们中国,大家更多是倾向于"拆盲盒",所以春晓老师关注的是中国的一个热点、痛点问题,这非常好。

第二,我觉得春晓老师非常有勇气,"感情投资"这个问题,在实践中可以说是个老问题,很多老师都写过一些相应的文章,从司法解释颁布到今天已经有七年了,这个问题如果发挥得不好或者是讲得不好,有点"炒冷饭"的嫌疑。但是我觉得春晓老师在理论方面对这个问题进行了全面的梳理,看了他的文章之后可能不需要再看车浩老师的那篇文章,不需要看陈兴良老师的文章,因为他的观点梳理,包括对于条款的性质、"可能影响职权行使"的具体判断，所有的观点基本上呈现出一种"万花筒"式的罗列。他之前非常关注实务，但是他在理论方面的梳理我觉得也是非常全面的，基本上把"感情投资"型受贿问题从2016年到今天所有的观点都进行了罗列，所以我觉得这是非常有勇气的一点。

第三，我觉得春晓老师的这篇报告可以说是做到了"知行合一"，做到了对理论和实务的关注。看了他的文章之后，我当时就感觉他可能是在实务部门工作过，所以我刚才在他发言之前向他求证了一下，原来他真的是在江苏担任过检察官，而且是"全国十大优秀公诉人"。所以我感觉到他的文章实现了这种理论与实践的相互贯通，是值得我们这些经常坐在书斋里的学者学习的。而且他关注的视野以及文章的整个立意是放在一个比较大的背景下的，他对于理论的理解是放在社会学的背景下的，不仅读了费孝通先生的《乡土中国》，而且还读了另外一个比较小众的书——《礼物》。莫斯先生的这本《礼物》是我在参加我们学校新闻学院一个老师的读书会时，恰好看到的，他可以说是欧洲的民族学之父。春晓老师文章后面的部分就是围绕《礼物》当中对于礼物的分类这样一种逻辑框架展开，所以我觉得他在理论跟实践方面的贯通是特别值得学习的，尤其是对于我们这些长期聚焦在书斋当中的学者。

上面讲到的是他报告中的三点长处，下面开始讲不足。我想讲两点，第一点，这个文章读起来确实是一气呵成，但是他的整个文章框架实际上是两条线，一个是谈到规范的本质，另外一个谈到具体适用，两条线在整个文章当中实际上是处于一个非常纠结，甚至有的时候有点纠缠不清的状态，所以我觉得在这方面可能需要进行进一步的调整。而且他的题目用的是"规范本质"与"体系解释"，且不说前面本不本质的问题，对于"体系解释"的问题，我觉得他没有用到刑法解释方法当中的体系解释方法，没有把"感情投资"型受贿这样一个问题放在整个贿赂犯罪的大的背景下去考虑，也没有遵循体系解释的思路，我觉得这可能是需要特别注意的。这就导致他整个文章看起来是两条线，而且这两条线一直处于一种纠缠不清、相互杂糅的状态。在文章中，有的章节、有的部分提到了规范，话锋一转又提到适用，在适用当中又反过头来涉及规范的内容，这个问题可能是将来文章修改当中需要注意和关注的一点。我这边有个建议，因为核心问题是对于"可能影响职权行使"的判断，所以是不是可以聚焦这个问题，把前面包括规范的所有这些内容作为一个前提，而不是把规范作为子中心来探讨？我觉得这样可能更合适一些。因为我们学院原来有一个学生，博士学位论文写的是两个方向的主题，后来（文章）就确实被别人"枪毙"了，他们觉得可能还是要一个单主题或者聚焦主题，这是我想讲的第一个问题。

第二点，我们聚焦"感情投资"，实际上是聚焦整个打击面的问题。前面吴处长也讲了，我们处理贿赂犯罪有四种形态，在前三种形态已经控制得比较好的情况下，打击面实际上是我们必须面对的问题。所以我想司法解释也好，后续的文件也好，都是在尽量限制处罚的背景下进行，所以春晓老师这种具体危险犯的思路我是不太同意的。我觉得《贪污贿赂刑事案件解释》第十三条第一款和第二款可能应该是这样一种关系：第一款是一般性的条款，而第二款是特殊的条款，前面的条款针对的是有实在的紧迫事由的，而后面的条款可能是一种潜在的危险，两者是说明和被说明、一般和特殊的关系。基于这样的认识，对于探讨要素的认定，我有自己的看法："三要素"之间其实有位阶的，数额要素、对象要素和职权要素不会是一种平等关系。我觉得前面两者，数额跟对象要素应该是作为第一位阶的，而职权要素可以作为第二位阶，作为一个选择性的效力条件，前面两个条件基本上可以推断出它影响职权行使，如果你能推出反证才能出罪。我觉得这种逻辑演进可能会有利于解决这个问题。当然这也只是我自己的一些看法，不足之处恳请各位专家、领导批评指正，谢谢大家，也欢迎到中南财经政法大学指导。

主持人：欧阳本祺

刚才郭教授对春晓的文章提出了三点肯定和两点商榷，评价还是比较中肯的。

主持人：易明群

我想说一点感受，看这个文章的题目叫"感情投资"型受贿，两位老师在评议时，我突然想到一个词叫"感情型评议"，就是以前很多次开会的时候，听到太多的"感情型评议"，所以我觉得这个论坛最好的点就在于，给一点点"感情型评议"，更多的是给这篇文章和作者提出建议，包括体例性的，包括观点，包括各个方面，我觉得这样很好，少一点"感情型评议"，多一点实实在在的内容。

我们请下一位评议者陈珊珊老师,她是武汉大学博士毕业,目前是苏州大学王健法学院刑法教研室主任,也在《法商研究》《法学评论》和《法学》等核心刊物上发表了论文二十多篇。

评议人:陈珊珊

各位尊敬的嘉宾,大家下午好,非常感谢主办方的信任,让我有参与评议环节的机会,能够回到母校参加学术活动真的非常荣幸,但是也诚惶诚恐,希望我的发言是合宜的。我说话语速不快,但是一定严格遵守时间规定,所以如果我的时间到了,我就直接结束,把已经讲的内容讲清楚,不追求一定要说完。

我认为在中国这种以"孝文化"为核心根基的社会当中,人情往来有一定的正当性,但是在上下级关系或者管理与被管理关系中,这种往来常常就有被利用或扭曲的可能,这也是反腐败斗争的顽疾。马春晓老师的论文以《贪污贿赂刑事案件解释》第十三条第二款"感情投资"型受贿为切入点,为揭示该规范的教义学本质以及提供合理化解释方向进行了有效的努力。我的评议内容分为两个部分,第一部分是谈谈对马春晓教授这篇佳作的三点读后感,第二部分想对这个主题发表一些个人看法,但是考虑到我个人对于时间的把控训练不太好,我在省里开会的时候发言也常常超时,所以我就想先谈一下商榷。希望我没有对马老师的论文有误读,如果有误读的话,我自行承担责任。我对论文的主题、论文的内容,有一些不太成熟的看法,想跟马老师进行商榷,也请在座的诸位批评指正。

第一点，我要谈一下对受贿罪可罚性的理解，因为这个理解是后续关于《贪污贿赂刑事案件解释》第十三条第二款法条定性的前提，限于时间我只谈观点，无法展开证成。我认为受贿罪的可罚性客观上是由于不当得利，主观上是公职人员对自身公职行为义务的公然蔑视及敌对意识，因此《贪污贿赂刑事案件解释》第十三条第二款的定性，我认为要区分两种情形：索取型与收受型。对于索取型就是注意规定，收受型才应该理解为法律推定。普通受贿罪只要利用职务上的便利即可成立，行为人之所以有胆索取，正是由于其具有职权，此时其索取行为即为对职权义务的违反，因此索贿型理应解释为注意规定。但是对于收受型的"感情投资"，职务行为与财物之间的对价不明了，因此司法解释在这里进行的是经验上的推定。

第二点，在双向度感情投资的具体认定中，比如文章当中提到的许某某受贿案，我认为法院将 2 万元扣除是对的，但这 2 万元不应是考虑礼尚往来的扣除。一般社会经验中，礼尚往来常发生于生活中的红白喜事，所以在前段列举到的白某某与某某之间确实符合礼尚往来的生活经验，逢年过节的现金往来也多以老人、小孩为对象。但许某某受贿案中，欧某在 4 年间逢年过节的 14 次现金给付，并不是许某某家有红白喜事。虽然文章中没有交代欧某与许某某之间存在上下级关系或者具有行政管理关系，但是按照文章适用《贪污贿赂刑事案件解释》第十三条第二款的逻辑，应当可以推知。具有上下级关系或具有行政管理关系的欧某与许某某之间长达 4 年的 14 次现金给付，完全超出一般生活意义上的人情概念，全部都应是培养感情的行贿款，而许某某在欧某家有喜事时的给付则属于部分退还，类似于社会捐赠，而非礼尚往来，因为二者之间有礼尚却无往来。

第三点，我也不太认同文章认为普通受贿罪是确定影响职权行使的实害犯，而"感情投资"型的受贿是可能影响职权行使的具体危险犯的观点。首先，从文意上看，《刑法》第三百八十五条受贿罪的第二款规定："国家工作人员在经济往来中，违反国家规定，收受各种名义的回扣、手续费，归个人所有的，以受贿论处。"在该款中甚至不要求有"为他人谋取利益"这个要素。另外，从《贪污贿赂刑事案件解释》本身来看，第十三条第一款的规定是对普通受贿罪中"为他人谋取利益"进行的解释，而且从第二项"明知他人有具体请托事项"的规定来看，也不要求有确定影响职权行使才可认定为"为他人谋取利益"。同时，该《贪污贿赂刑事案件解释》的第十七条规定了受贿罪与渎职犯罪的数罪并罚问题，即行为人受贿后实施了为他人谋取利益的行为的处理，从中可以反推普通受贿罪并不要求实施"为他人谋取利益"的行为，只要有此主观意思即可，在这种情况下，对职权行使并没有确定的影响。因此，普通受贿罪不是实害犯，是基于职权效力而获得不应有的利益，职权并没有开始行使，"感情投资"型受贿也仍然是普通受贿，不是特别的斡旋受贿或利用影响力受贿。我理解的《贪污贿赂刑事案件解释》第十三条第二款规定，是司法解释出台常用的逻辑套路，即对司法实务案例的经验总结。其次，从实务数据上看，根据《中国统计年鉴》贪污贿赂起诉的数据记载，以 2013 年为界，2008 年至 2012 年五年间起诉人数均值在每年 30000 人左右，2013 年到 2017 年这五年每年年均在 33000 人左右，而在 2018 年之后均值约 15000 人。当然这种事实的结论有可能确实是腐败犯罪减少了，但是这种断崖式的减少不太符合犯罪规律，更有可能的解释是实务中对腐败犯罪的转向处理更多了。因为 2018 年监察委设立之后，对受贿行为的启动程序一般是先纪律审查，再监察调查，实践中在违纪审查阶段，其实可以实现大量的过滤或"软着陆"，并不是构成犯罪就移送，按照纪委、监委的专业术语，就是由第四种形态转为第三种形态。所以如果将受贿罪作为实害犯理解，在刑事证明标准上要证明其确定影响了职权行使，最终的社会结果就不言自明了。

马老师这个文章写得特别好，他的观点的过渡也很巧妙，对学说分歧回应充分，观点有新意，给人一种非常愉悦的阅读体验，整个文章节奏明快紧凑，我几乎是一气呵成读完的，同时文章能够在最后部分从理论落实到实践的案例当中进行具体的讨论，避免了就理论谈理论的纯逻辑推演的抽象性，所以是一次非常好的阅读体验。谢谢！

主持人：欧阳本祺

珊珊老师刚才讲的有一点确实很值得思考，就是受贿罪到底是实害犯还是具体危险犯。这取决于怎么来理解受贿罪的法益，如果认为受贿罪的法益是职务行为的廉洁性，也就是说按照"双层法益"的观念，廉洁性是主导层的法益，公正性是背后层的法益，那不管是普通受贿还是"感情投资"型受贿，它都是一种实害犯。春晓老师所讲的这种危险犯，我的理解是，就职务的公正性这一点而言，可能是一个抽象危险犯，但是就职务的廉洁性而言，收受他人钱财，即使没有具体的请托事项，也可能会对职务行为廉洁性进行侵犯，如果连职务行为的廉洁性都没有实害，那可能会是其他的心理，甚至是一个正常的心理。

主持人：易明群

刚才可能因为珊珊老师听了我上一节说"感情型评议"的问题，所以直接倒过来先说商榷，但是其实我觉得这是一个特别好的氛围，一个老师把他全新的报告在论坛上发布，然后四位评议老师认真地阅读，并给予书面的评议，从他的观点、思想或者方法上给予很多的建议，其实对于作者来说是特别好的帮助。对于在期刊发表，如果学者在各方面都给了评论以后，作者再回去完善这篇文章，会很快地形成一篇特别好的、特别突出的文章。

下面我要隆重地介绍第四位评议人，因为第四位评议人很年轻，也很紧张，但是他的简历让我非常吃惊，他是中国政法大学刑事司法学院的讲师，他的硕士、博士都毕业于清华大学，除了他发的那些文章，博士期间他的获奖经历也非常棒，他是清华大学优秀博士学位论文奖、2019年博士研究生国家奖学金、清华大学博士生未来学者奖学金三个大奖的获得者，所以我觉得这位年轻的老师非常优秀。有请杨绪峰老师进行点评。

评议人：杨绪峰

各位老师，各位嘉宾，大家下午好。我是来自中国政法大学刑事司法学院的杨绪峰，接下来由我对马春晓老师的这篇大作进行评议。我初看这篇文章就感觉他写得很深,是一篇非常典型的刑法解释学论文,虽然是讨论"感情投资"条款,但背后也关联着受贿罪中"为他人谋取利益"的体系定位之争,而在这一方面,学界已经积累了相当多的研究成果,所以,再切入这一主题进行研究,写作者面临三大考验:

首先,考验的是解释学的功底。马老师的这篇论文运用了体系性思考的研究方法,对"感情投资"条款进行了系统解读,展现了非常深厚的教义学的功底。而且一般写纯解释学的论文行文会比较枯燥,咬文嚼字,但是马老师这篇论文写作技巧很高,他的语言非常流畅优美,而且引用了很多人文社科方面的经典名著。此外,他还通过很多案例去中和了纯解释学论文的枯燥性,很多案例都找得绝佳。我读起来一个明显的感受就是,这篇论文的案例一定不是现成的,是对这个问题进行了理论思考,对法条形成了基本的观点之后,随着观点的推进,然后再去找合适的案例,犹如大海捞针的感觉,所以使得案例跟论点的展开非常匹配。比如白某某受贿案,我当时看到这个案例觉得编都可能编不了这么好,所以我觉得作者一定是花了非常多的精力去搜集这些典型案例,使得他写的文章也非常地面向实务,很接地气。

其次,考验作者的文献综述能力。因为前期成果特别多,我做评议之前,感觉不先读十几篇论文,我是没办法做这个评议的,所以我先拜读了陈兴良老师、张明楷老师、孙国祥老师、车浩老师、付立庆老师等学者的相关论文,看完之后我才感觉能够对相关问题进行评议。但是如果要写这篇论文,我觉得阅读的范围要更广泛，需要对以往所有代表性观点进行全面的梳理、准确地归纳，还要对实务现状进行分析总结，并且提炼关键问题。我觉得马老师的这篇论文就处理得很好。在问题的提出部分，除了前面两段我们看不出综述能力，其他段落很好地体现了综述能力。关于如何处理"感情投资"的问题，他的论文一开始就梳理出了立法论和解释论的思路，虽然是寥寥数笔，但是立马就把问题圈定在了解释论；然后又对实务现状进行了很好的梳理，揭示了现在实务中面临的三大分歧；紧接着关于"感情投资"条款的法律性质，作者非常明晰地将各类观点归纳成法律拟制说、注意规定说和法律推定说，在否定了前两类观点之后，作者在支持法律推定说的前提下，又归纳出了两大疑问。正是全文非常扎实、充分的综述风格使得读者将理论界和实务界争议的相关问题概貌基本上"尽收眼底"。

最后，考验的是作者的学术创新能力。好的综述只能保证我们了解前人已经说到什么程度，有价值的学术研究一定要借着前人的观点而有所推进。我觉得马老师的论文至少在三方面特别亮眼，值得我们重视：

第一，他的论文批判了法律拟制说、注意规定说，主张法律推定说，但同时认为这一学说仍存在不足，即未提供"可能影响职权行使"的具体判断方法。所以他的论文一直都致力于将法律推定说的观点具体化和精细化。

第二，论文吸收了车浩老师的那篇《贿赂犯罪中"感情投资"与"人情往来"的教义学形塑》中非常重要的一个观点，将"可能影响职权行使"理解为具有影响职权行使的具体危险，进而认为这是一种新的具体危险犯的形态,然后在这个基础上去做文章,认为具体危险应当符合行为危险性和结果危险性的双重标准,我觉得是对车老师观点做了进一步推进。

第三,论文的第四部分采用了类型化的研究方法,认为单向度和双向度的"感情投资"中,权钱交易的行为危险性在推定规则中存在区别,以单向度和双向度的分类对具体危险的判断分别展开论述,这一做法也很有新意。

以上三点是我认为文章很亮眼的地方。总的来说,我觉得这篇论文所涉及的主题有很多名家力作,而马老师要写这篇论文就要面临种种考验,但他很好地完成了这篇论文,我在阅读过程中也受益匪浅。

接下来我想谈谈对这篇文章的商榷。

第一,这篇文章的特色是使用了体系性思考的研究方法,得出了一套严密的、成体系的判断规则,但标题是"体系解释",它是一种重要的刑法解释方法,虽然它背后也体现出这种体系性思考的方法论,但我感觉全文并不是对体系解释的彻底贯彻,我觉得将标题改为《"感情投资"型受贿的规范本质与体系诠释》或许更为合适。

第二,文章讨论的是广义的"感情投资"情形,还是以2016年《贪污贿赂刑事案件解释》第十三条第二款的"感情投资"条款为基础的狭义的"感情投资"情形?我读起来感觉是后者,但是既然讨论后者,司法解释已经明确规定了"可能影响职权行使"这种表述,说明不涉及具体请托事项以及获得承诺或者已经实现这种情形。所以我感觉,正文第二部分就没有必要去讨论广义的"感情投资"情形,就是已经得到承诺或实现的情形;而且结论往往都是干货,他的文章在第一段中还专门把这两类说出来,我觉得没有必要再在结论中去交代。

第三,文章第三部分讨论的是"可能影响职权行使"的判断思路,这一部分我读起来有点乱,因为他归纳了整体式和要素式的两种思路,但这种归纳值得商榷。文章将陈兴良老师在《法学》上发表的那篇文章和王永浩老师在《刑事法评论》上发表的那篇文章中的观点认定为整体式判断,可是陈老师的论文提出应当从关系的紧密程度进行考察,认为这是一种整体式判断的理由何在?是因为他只提出了一个判断的维度吗?如果考虑关系的紧密程度,它也是一个要素式判断。王永浩老师确实主张社会相当性的综合判断,但他的论文中也提到判断标准包括了财物价额、财物往来频次、数额差和持续时间以及财物往来的背景,等等,有这么多因素需要同时参考然后再进行综合判断,并不是一个简单的"社会相当性"就能概括的,所以我觉得把这种观点归为整体式判断,对它似乎有点不公。如果认为"要素式判断"中的"要素"是指构成要件要素,那要素式判断和整体式判断就不能构成并列关系,同时主张二者并不矛盾,比如陈兴良老师的观点被作者认为是整体式判断,但陈老师的论文也认为应当从主观要素视角去理解"可能影响职权行使"。所以,整体式、要素式的归纳是有疑问的,尤其是对王永浩老师的观点的批判,似乎有点欠缺力度。在我看来,王永浩老师所提出的考虑各种要素的综合判断本身是没有疑问的。

第四,"感情投资"条款的理解与受贿罪中"为他人谋取利益"的体系定位之争存在紧密关联,而后者的争论有传统客观说、新客观说、主观说、混合违法要素说等各种观点,我觉得既然体系性思考是文章的一大特色,就必须要对这个问题进行联动地回应。但是全文读下来,我感觉文章既批判了新客观说,也批判了主观说,但没有特别予以表明作者究竟是持哪一种立场。从第四部分看,文章提出关于"可能影响职权行使"的具体危险要从行为危险性和结果危险性进行评价,给我的感觉是作者好像又在支持新客观说的立场,似乎存在矛盾,不知道我的理解有没有错误。

我的评议就到这里,不当之处也请马老师批评指正,谢谢大家。

主持人:欧阳本祺

谢谢绪峰老师对春晓老师的文章做了一个全面且细致的评论,春晓老师这篇文章是从《贪污贿赂刑事案件解释》的第十三条第一款和第二款之间关系出发的,是因为《贪污贿赂刑事案件解释》在第十三条中规定的"应当认定为'为他人谋取利益'"引发了很多的争议。大家都知道,德国最早关于盗窃罪的对象只是动产,后来出现了电力,日本也是这样,怎么处理这个问题?德国单独对偷盗电力进行了规定,日本则采取了一个办法,就是把电力视为动产。中国刑法没有把电力视为动产,我们认为电力本身就是动产,不需要去"视为",也没有什么争议。所以"视为为他人谋取利益"实际上体现了我们现在立法和司法上的一种预防性、犯罪化的积极的刑法观。旨在预防犯罪的积极刑法观的犯罪圈边界到底在哪里?我觉得刚才吴峤滨处长讲得很好,我们要立足国情,要立足时代,要胸怀天下,要坚持实践。

主持人:易明群

我觉得评论环节圆满地结束了,希望这种商榷性的内容还是要更多一些,因为在这十分钟里,我发现每次到商榷的部分,马老师都特别认真地在做笔记,说明这个部分对作者具有最大的帮助,所以我希望作者不要怕被"拍板砖"。谢谢车浩老师给我们搭建的平台,这是一个良好的学术批评和学术评论的氛围,所以大家可以尽情地去批评、去评论。下面进入自由讨论环节,主持人是云南大学法学院高巍教授、《法治研究》陈罗兰副主编。

三、自由讨论

主持人:高　巍

会议的整个时间控制得非常好,我觉得前面的各位报告人、主持人、评论人的表现为我们接下来的主持发言设置了高标准,会议呈现了极为浓厚的学术氛围,发言内容学术价值高,使我在今天下午的聆听中受益匪浅。现在,我们进入自由讨论环节。因为第一场报告的自由讨论时间比较短,所以我们第二场报告以自由讨论为主,同时兼顾第一场报告的余论,保持今天下午的评议环节的学术纯度和学术含量。

主持人：陈罗兰

感谢高老师，也感谢主办方给我们这样一次非常难得的机会，能够跟本次会议所有的青年学者和法学大咖一起来交流关于贿赂犯罪的一些问题。其实我不是第一次参加这个论坛，之前参加了在华东政法大学举行的，也是车浩老师和盈科律师事务所共同组织的论坛。当时我好像也是担任最后一个环节的主持人，所以今天非常荣幸能够在疫情过去之后，来到美丽的武汉大学，继续担任这一阶段的主持人。刚才我也认真听了发言人以及评论人的意见，表扬的话我就不说了，我看了一下主要评论意见一共有11个点，主要的意见有：关于"纪法衔接""法法衔接"的问题；关于是否要坚持"为他人谋取利益""谋取不正当利益"要件的问题；关于整个文章的体例问题，比如有评论人提出，文章中有"双线定性"的思路，这个思路是不是需要进一步厘清，有没有一定的交叉或者杂糅；关于打击面的问题。我们知道这种"感情投资"型受贿其实是从原来"一事一送礼"的传统方式转变而来的，它变为一个长期的"投资"项目，也就是从"临时抱佛脚"的行为变成"平时就要去烧香"的行为，不再是为了你当下送给我的一点点眼前的利益，而是着眼于一个长远的利益，这种受贿行为变得越来越隐蔽。在2016年的时候，司法解释确立了这种"感情投资"型的受贿模式，但是这个"感情投资"型受贿确立以后，打击范围过广。有的论文题目是"体系解释"，但是是不是用到了体系解释？广义的"感情投资"没有必要再去讨论了，因为司法解释已经明确了。另外还有关于"可能影响职权行使"的认定思路是不是要进一步厘清,以及新旧客观说的争论等问题。我觉得待会儿我们可以围绕这些评论人提出来的问题,再结合作者的一些观点发问,也可以表达自己的看法。

发言人:齐 阳

大家好,我是武汉市纪委监委案件审理室的齐阳。刚才认真学习了马老师的论文。这篇论文确实把我们实务中的做法进行了高度概括,抽象成了理论。我记得在《笑傲江湖》中有一段叫"华山派气宗和剑宗之争"。可能在实际办案过程中,我们的诀窍或者经验更多像技法,在理论上确实有一定的欠缺。马老师这篇文章理论深厚,就像内功一样,所以感觉像是"气宗",我们的实务可能是"剑宗"。但是只有"剑气合一"才能笑傲江湖。确实像马老师在论文中提到的,我们实务中采取的是"法律推定说"。在证据的固定时,哪怕之前给了钱但是一直没有请托事由,最后一定要说,"我之前收了他那么多钱所以在他求我的时候不好拒绝",然后把"感情投资"和最后的谋利事项结合到一起。之前司法解释出台的时候,探讨过一人多笔、多人一笔、多人多笔的情况;我们也跟法检那边沟通,是要求有"职务要素",还是要有具体的请托事由。但是马老师在他的文章中认为"三要素说"更为合理,也同意必须有职务要素,但是感觉他在文章中对赖某某受贿案所持观点跟他自己的理论有矛盾。在赖某某受贿案中,法院基于职务要素的缺乏没有认定92.8万元是受贿,但是可能马老师就不太同意这个判决。所以想请教马老师对于这个问题是怎样认识的。

另外我要说一下，我们纪委监委是一套人马、两块牌子，纪委管理的是党员干部，监委管理的是监察对象，即可能行使公权力的人。因此，并不是一个受贿行为先由纪委调查再由监委调查，正常来说，是先有收钱的问题线索，我们研判有没有谋利事项、有没有请托事项，如果有，可能是受贿的问题，由监委立案；如果认为没有请托事项，是因为我们没有"实锤"他确实影响了职权行使，可能就像刚才吴处长提到的收受礼金的情况，认定"可能影响职权行使"。所以就像中纪委说的，我们是"贯通规纪法，衔接纪法罪"，而不是先由纪委查然后由监委调查。最后向大家报告一点，现在中纪委在开展纪检监察干部队伍教育整顿，我们是"刮骨去腐""刀刃向内""动真碰硬"的。欢迎社会各界尤其是理论界对我们进行监督，如果有贪腐的"保护伞""软着陆"等问题，我们绝对"动真碰硬"，清理门户。

主持人：高　巍

谢谢纪委监委同志的发言，还有哪位要发言。

发言人：赵冠男

非常感谢春晓老师精彩的分享，本来可以私下跟您探讨，但是我想我的疑问可能也是大家的疑问，所以还是应该当场提出来。我最大的一个疑惑可能就在于理论与实践的偏离。我对实践不一定有了解，纪委的同志就坐在我后面，如果有什么问题，大家可以直接纠正我。我的问题主要有以下三方面：

第一个方面，我们现在看到的很多案件，除了所谓作为受贿犯罪处理，肯定少不掉几个字，就是红包礼金。有的红包礼金完全被当作违纪处理，并没有上升到违法，有的则不然。刚才春晓老师和其他几位老师都认为要增设一个新罪。在解释的时候，有人说司法解释就应该朝着入罪的方向去解释，是不是要反思一下这个立场本身？我们的立法者、司法者、纪检监察机关是不是真的能够做到只要符合这个结论，就把这类行为都认定为犯罪？我觉得可能要打个问号。我们看到在实践里面可能不见得会这样处理。

第二个方面，我觉得对于上下级管理关系，特别是行政管理关系，可能需要进一步严格鉴定。比如我们看到过一个案件，有一个副市长住在我隔壁，而我是一个商人，但是我从来没有事情去找过他。我们两人的儿子在同一所学校读书，每次请客吃饭或者每次一起出去玩，包括旅游，我就讲你是一个公务员没什么钱，而我是一个老板怎么都比你富有一点，所以他没有拒绝，就这样交往了十几年，最后这个副市长被抓了，这种就是典型的、单向度的、只往不来的感情投资。但是最后没有把这个老板认定为投资型行贿，也没有把这个事情作为行贿受贿处理。

第三个方面，刚才春晓老师讲的白某某的案例很有意思，领导说他父亲去世我给了1万元，我父亲去世他也给1万元，但是在我们碰到的案例中，领导很谨慎，说我们一定要有来有往，我小孩结婚的时候你给1万元，你小孩结婚的时候我给你1000元，这种情况下，我们是不是一律只能做定量的处理，是只要有差额，就构成犯罪，还是说我们也要做定性的处理？

这三个方面的问题代表我在实践中产生的一些困惑，希望得到解答，谢谢。

主持人：高　巍

这个题目本身，"感情投资"就是一个描述性的概念，而不是规范的用语。刚刚几位同事、老师都谈到了这个问题。我觉得今天讨论的维度可以更开阔一点。

第一个是从规范层面，我们应该怎么为司法解释提出一个具体化、一般化的规则体系，让它能够理性化运行。第二个层面是实际效果，我相信刚刚陈珊珊老师的意思是，最后的实际效果确实是有"软着陆"的情况，不是说规则上最后解释成"软着陆"。看看还有没有老师有什么疑问。

发言人：刘心仪

我想问马春晓老师的一个问题是，这篇论文中司法判断基本上有两个点，第一是收受礼物的性质，第二是双方是否背离礼尚往来的基本生活规范，在规范上，他说要从两个方面考虑。我这里就有两个问题，第一个问题是前面说的收受礼物和礼尚往来的生活规范，在我看来似乎和结果危险性以及行为危险性没有必然的对应关系；第二个问题我想问一下马春晓老师，是否存在行为危险性很大，但是又能够排除结果危险性的情况？我觉得结果危险性判断好像要依据是否违反行为规范，如果说结果危险性是根据行为危险性来判断，能否作为两个独立的标准，一起来限缩处罚的范围？这就是我的问题，谢谢大家。

主持人：陈罗兰

心仪同学已经是第二次起来提问了，讲话非常犀利但是我们很受用，因为我们想听到的就是这样比较犀利的对话。下面还有哪位？

发言人：喻浩东

我是复旦大学法学院的喻浩东，马春晓老师在清华读博士后期间也是我的师兄，但我仍然要对师兄的论文提出几点我个人的感想、体会，或者商榷意见。

第一点，刚才的评论人也提到了，这篇论文是"以小见大""小切口大展开"，但是我一直在寻找，这篇论文的"大"到底"大"在哪里。如果和刚才陈金林老师的论文相对比，我觉得这两篇论文或许可以说走向了两个相对的极端。陈金林老师的论文在法益的界定上走向了一个特别理论化，但是可能会忽视了实践当中的价值的方向；马春晓老师的论文可能在具体的细节上提出很多实务工作者特别关心的具体的操作方案，但是以"感情投资"型的受贿作为受贿犯罪这样一个试金石的议题的"小切口"，那这篇论文的"大"是不是应当体现在通过这一试金石来反馈或者反思受贿犯罪的法益，以及怎样去保护这种法益的解释上来？这样才能够看到理论的穿透性。

第二点，通过对马春晓老师以往论文的关注，我发现他的观点在不同的论文当中可能会有一定的矛盾，比如在曾经发表于《政治与法律》的一篇论文当中，马春晓老师认为廉洁性不是贿赂犯罪的法益,这与这篇论文的观点存在一定矛盾。还有,马春晓老师究竟如何理解行为规范与法益?这篇论文中,他把行为的危险性归结为对行为规范的违反,把结果的危险性归结为对具体危险的证立;但是在马春晓老师以往的论文当中,他显然认为行为规范是用来保护法益的,也就是说对这两者不可能完全做切割。还有,他将社会学上的实用性的礼物以及表达性的礼物的分类直接纳入刑法,作为一个规范性的概念来进行定罪的区分,这到底是实体法上的问题,还是只是操作层面的、证明上的问题?我觉得可能要予以厘清。这就是我的一些感想和疑问,谢谢大家。

主持人:高 巍

谢谢喻浩东老师。我们的主题是"感情投资"型贿赂犯罪的研究,但是今天我发现参会的各位老师、各位学者、各位同事,都坚决抵制"感情投资",都没有对报告人和评论人提供这种非精神利益的"感情投资",而是以批评、督促为主,所以尽管中国是一个人情社会,但我觉得在学术研究领域,至少我们做到了抵制"感情投资"和非精神利益的扶持。

发言人:姚培培

我是中南财经政法大学刑事司法学院的姚培培。在这篇文章中马老师提出,《贪污贿赂刑事案件解释》的第十三条第一款里面所说的"权钱交易"的危险已经现实化,我理解这应该是一个实害犯;而第二款的"感情投资"是一种具体危险犯。根据我们的一般理解，如果一个犯罪的既遂形态是实害犯，那么如果认定它只是产生具体危险，就难以认定构成犯罪既遂。还是说，这篇文章认为"感情投资"本身将一个具体危险犯或者说未遂犯给拟制成既遂犯？在实际的操作中，我相信"感情投资"不会被认定为受贿罪的未遂，而应该被认定为受贿罪的既遂，这种结论如何跟认定"感情投资"是具体危险犯的前提进行整合？我希望就这一点能听一听马老师的意见。

主持人：陈罗兰

姚培培老师刚才提出了关于实害犯和具体危险犯的问题，我觉得这个问题确实值得研究，而且刚刚在评议过程当中，也有两个评议人提出了这个问题，可以等作者进一步回应一下。

发言人：陈金林

我跟春晓在两个单元，就像两只眼睛一样，相互交流其实不容易，借这个机会一定要沟通一下。对于这个问题，我觉得可能有两种不同的思路：一种思路是在犯罪学的层面，一定要去弄清楚法益究竟是如何被侵犯的，但是在刑法学的层面，一定不能把所有被侵犯的法益全都放到犯罪圈里来，因为罪刑法定原则永远优先于法益保护原则，这是刑法最基本的结论。所以我现在就在反思，我们为什么一定要把它比较牵强地解释成犯罪。如果我来回答这个问题，把我上午没有完全展开的逻辑运用到"感情投资"领域，我觉得这就是一个党纪处分的问题。因为我既不能推定行贿人被敲诈勒索，我也找不到证据证明他们两人共同去侵犯第三人的利益。我们把它放到党纪里面，这些钱要没收，没收了之后，双方的利益可能发生冲突，如果认定成敲诈勒索，其中送钱的就是被害人，他觉得如果有被认定成被害人的可能性，那将尽可能地把当时是基于什么样的理由给讲出来。这种结构的设置反倒有利于双方之间进行博弈，把送礼的原因给清晰地呈现出来，这就是上午我尝试去做的事情。另一个思路是犯罪学、犯罪预防层面的思路，就是对于以前的没有被害人的犯罪，至少在一定的范围之内，我们尽可能地把被害人呈现出来，利用被害人维护自己利益的动力去推动对犯罪行为的发现。这是我对"感情投资"型受贿话题的一点补充。

主持人：高　巍

其实我们今天讨论的一个非常核心的关键词就是"法益"或者"法益保护"。刚刚金林老师说法益保护的位阶要低于罪刑法定，我觉得罪刑法定是一个实定法的原则，它可以追溯到刑法典当中，但在刑法典当中没有法益保护，无论是德国刑法典、日本刑法典还是中国刑法典都没有，它实际上是超法规的，我在想为什么我们保留并扩充它，而且我们中国绝大部分学说都支持超越体系的法益保护原则？我觉得有一个原因，那就是我们刑法学者，怎么去批判和影响司法、立法？我们一方面坚持罪刑法定，另一方面又必须通过这样一个超法规的渠道和原则。但这个原则里面有我们很多的价值、情感、情绪等多元的要素，甚至直觉、生活经验等，通过法益保护的原则以及抽象化的、精神化的法益框架，实现了我们各种各样的诉求。我相信实务部门也在利用这个东西,也需要这种抽象化的东西。我觉得今天听下来非常有感触:为什么保留法益,而且把它过度地规范化、过度地精神化,比如纯洁性、廉洁性、公正性、不可收买性等法益概念?我就想到神学,上帝的名义、荣耀、法性等词汇,就像斯密特曾经讲过,现代国家理论当中的所有重要概念都是世俗化的神学概念。因为你有这样一种纯洁的、美好的希望,所以我们今天要在各个领域去讨论;如果美好的希望不能通过理性化、可争辩的、具体的与变化的规则来构建,可能导致价值的专断和专政,这就很可怕。

发言人:罗建武

各位老师好,我是来自武汉大学法学院刑法学专业的博士生罗建武。各位老师的评论与提问都非常高深,我就提一点我的疑惑。我不是很理解马老师在"可能影响职权行使"当中提出的承担相应的"权力回报义务",因为即便是非"感情投资"型的受贿,也有收了钱不办事的情况。"感情投资"型的就更难说了。我们都已经界定它是一个长期的投资,受贿人没有给出做具体的事情的承诺,而作为法律人,我们都知道义务的对立面是权利,权利是可以放弃的,但义务是必须履行的,所以我觉得将"承担权力回报的相应义务"放在"可能影响职权行使"当中可能是值得商榷的。可能是我的理解不到位,敬请各位批评指正。

主持人:陈罗兰

这个问题其实提得很好,我想可能在花钱没办事这种类型的案件当中，一个比较合适的切入点就是法益，也就是看贪污贿赂犯罪到底侵害的是什么法益。如果是廉洁性以及不可收买性，那么你给他钱，他办不办事是一样的；如果侵害的是公正，那不办事其实没有影响公正，办事了才影响公正。如果侵害的是跟公正有关的法益，可不可以构成犯罪；如果不跟公正有关，又应当如何定性？还是要回到法益这一核心问题。其实我也是对法益比较感兴趣的，也研究过法益相关内容。从一个编辑的角度，考虑到下载率、引用率、关注度，法益可能不是一个好的主题，但是回到刑法研究当中，我觉得法益确实是很多研究和问题的切入点。

发言人：方　广

各位老师，各位同仁，很荣幸能够参加本次会议，我是来自武汉市监察委员会审理室的方广。某种程度上我来自实务界。刚才大家谈到的问题，不管是上午的法理解释还是下午具体的法律适用，都是目前纪委监委关注的问题。首先，刚才有一位评议人谈到2018年监察体制改革以来，纪委监委的职责以及四种形态的运用，包括相关数据的递减。我给大家做一个基本的说明。就实务部门而言，纪委监委是查处"纪法罪"的第一条防线。2018年监察体制改革以来，检察机关的"两反一预防"的职责全部到监委来了，所以监委对所有的党员干部、国家公职人员涉嫌违纪违法犯罪一并予以立案、审查、调查。如果违反党纪和政务，我们给予相应的党纪政务处分，如果在立案、审查中发现涉嫌犯罪，我们就移送司法机关依法审查起诉、支持公诉、支持审判。

这是我就纪委监委的职责向在座的各位做的一个宣讲。可能是我们的服务工作不到位，相关的一些宣传工作不到位或者表述不严谨，导致对我们有一些误解。

其次，回到今天的实务问题，我非常同意最高人民检察院的一位同志刚才提到的观点。首先，处理任何一个涉诉问题，作为纪委监委的同志，都必须回到《中国共产党纪律处分条例》。对党员干部、公职人员在收受相关人员财物过程中是违纪违法还是构成犯罪，我们会基于各种证据，逐一地证明。如果涉嫌构成犯罪，我们将"以审判为中心"，严格遵守相关的证据证明标准，自然也涉及2016年"两高"出台的《贪污贿赂刑事案件解释》，比如以3万元作为起点、主体、前提条件、上下级管理服务对象、"可能影响执行公务"等。对这一块我们在实务操作中也有一些不同的理解，但是不管怎么样，请大家相信，我们在证明过程中首先要证明我们的党员干部是否违纪，也就是党纪严于国法。如果党的领导干部、公职人员收受可能影响公职及公务的礼金，这就是收礼的问题，我们肯定会认定他违反中央八项规定的精神、违反廉洁纪律或者违反《公职人员政务处分法》，收受可能影响公正执行职务、影响公权力行使的礼金。其次，在入罪这一块，我们持"审慎"的原则，不会轻易受有上下级关系、有管理服务关系的影响。出于"感情投资"的基础送钱，不管时间多长，不管数量多少，达到3万就一律按入罪来处理。我们始终坚持一个核心的原则，即首先考虑是否违纪，其次必须作行为证明。具体行为的认定肯定还是要从实际情况出发。像很多领导、同志们谈到的，要有来有往才是常规意义上的人情往来，如果是有来无回,甚至包括以"感情投资"为基础为今后谋利做铺垫,甚至有本质的"权钱交易",就有可能构成犯罪。在此,和大家提一个很实际的问题,大家一听就明白了,比方说我们的某一位党员干部,十年来他收受管理服务对象或者下级的钱款超过3万元,但是所送钱款的时间都是逢年过节,从元旦到过年,单笔数目都是500元左右,金额比较小,而且的确是出于维系感情,没有任何请托事项,也没有任何影响职权行使的情况,即使他的数额已经超过3万元了,我们实务中也肯定不会进行入罪处理的。所以无论是理论界还是研究界,处理这类问题的思路一定要立足于中国的国情。第一,要全面从严治党;第二,我们监督、惩处的重点还是党内的领导干部、国家工作人员。此外,对于相关法条、司法解释的适用,我们一定会实事求是,非常谨慎地做入罪化处理。

谢谢大家。

主持人:高　巍

感谢方主任的发言,我觉得今天这个会议非常特殊的一点就是我们有来自纪检监察机关的同志,他们不仅全程参与而且进行了深入思考。在他们身上可以看到,他们确实希望纪检监察工作也能够在法治化、理性化的背景下去推进。今天下午的第一个单元是关于贿赂犯罪的罪与非罪,是全国人大常委会法工委许永安主任主持开幕,是他打开了这样一个热烈的讨论,通过下午的会议,我们在一些问题上形成了一定的共识,同时也带来了很多的思考。我们请许主任为我们这一部分做总结。

发言人：许永安

感谢各位老师、同仁。不敢说是总结，我以一个刑法学毕业的博士生的身份简单谈一下我的体会。其实我觉得刚才吴处长在评议的时候说得非常好，就是可能和今天的题目没有直接关系。"纪法衔接"确实是一个角度，但我觉得还可以从刑法的角度做处理。我国《刑法》第十三条关于"但书"的规定，以及我国《刑法》第三十七条关于犯罪情节轻微的规定，可以作为这类问题在刑法之外处理的一个基础。所以今天这个题目，我觉得从立法角度来说，我们首先要考虑《刑法》第十三条"但书"的规定，它是刑法立法的基础和起点，但是司法解释在起草过程中会面临各种问题，有的是入罪的压力，有的是出罪的动力，对于刑法的相关适用会有一定自由裁量权；专家的意见分歧也很大，陈兴良老师赞成增加收受礼金罪，但考虑法律责任体系和国家现实等各方面情况，实践中区分"感情投资"现象究竟是感情抑或投资确实存在较大困难。从国外看，德国、日本都和我们有不同的做法。我们今天的题目确实是一个非常难回答的问题，到底是"感情"还是"投资"，可能是需要区分。这篇文章写得非常好，回头我们和同志们一起研究。"感情投资"的问题并没有终结，包括行贿要不要谋取不正当利益，每次调研或者征询意见都会反复提及。从我们的角度来说，写上去很容易，但是在实践中适用的时候到底会是什么效果，实践中是否能执行却是另一回事，比如"醉驾"规定很严，但是现在大量的案件作相对不起诉处理。所以司法实践和群众接受度也确实是立法必须考虑的现实问题，各个方面的意见都要考虑。今天来到这个会议之后确实也学到了很多东西，这不是客套。如果有可能，在立法征询意见阶段，希望各位专家学者不吝赐教。谢谢大家！

主持人：高　巍

谢谢许主任，由他来给我们今天下午五个多小时的学术讨论会议作出这样"真刀真枪""不讲情谊"的学术批评和总结，我想我们的学术批评如果能够最终到立法机关那里形成文字的话，也是非常有意义的。今天下午的会议就到这里结束，谢谢大家！

主题报告三

主持人：姚建龙（上海社会科学院法学研究所所长、《政治与法律》主编）

　　　　童德华（中南财经政法大学刑事司法学院教授）

　　　　叶小琴（武汉大学法学院副教授）

报告人：徐　然（中国政法大学法律硕士学院副教授）

评议人：邹兵建（南开大学法学院副教授）

　　　　王华伟（北京大学法学院助理教授）

　　　　赵冠男（湖南师范大学法学院副教授）

　　　　肖兴利（盈科刑辩学院副院长）

一、报告

主持人：姚建龙

感谢邀请我来参加第三届全国青年刑法学者实务论坛，贿赂犯罪的理论与实务。在上海召开的第二届论坛我也参加了。车浩教授跟我联系的时候，我跟他开玩笑说，我好多年没来武汉，结果一个月来三趟，其中有两趟到武汉大学，下周六还要到武汉来。可能人生就是这样，跟武汉的缘分攒了那么多，然后突然之间集中爆发，跟青年刑法学者论坛的缘分也是这样的。像我们这种长得还像青年,但是已经接近老年的状态,今后绝对是标准的老年人,来参加我们的青年刑法学者实务论坛,来找一点年轻的气息。我昨天跟车浩交流的时候也在讲,昨天下午,我就觉得自己很茫然,因为大家都笑得很开心,我突然发现我都不知道为什么大家在笑,而且笑得那么开心。后来他说是因为我们年龄大,不能理解他们年轻人的悲欢。

我今天其实主要作为期刊界的代表来参加论坛。我在上一届论坛也讲过,我们《政治与法律》杂志,可以这么说,是对我们青年学者最友好的一本刊物,尤其是对青年刑法学者最友好的刊物。我看了一下统计数据,我们去年发表的作者是教授以下的文章的数量,是所有的 CSSCI 期刊里最多的。同时我们发表的所有学科的文章里面,刑法学是所有的 C 刊里面最多的,超过了《中国刑事法杂志》,这跟我们有专门的经济刑法这个栏目有很大的关系。其实我也特别注意到,昨天包括今天登台的很多青年学者,他的第一篇 C 刊的论文,或者他发展过程中非常重要的一篇期刊论文,都是发表在我们《政治与法律》上的。真正的支持青年刑法学者的成长的,不仅是北大的《中外法学》和车浩教授,实际上也是我们上海社会科学院法学研究所《政治与法律》杂志。我们没有什么刑法新青年栏目,也没有什么青年学者专栏,但是我们在默默地支撑我们青年学者的成长。当然我在这里要说一下,我们从两年前开始,确实不发学生的文章。有很多博士生通过各种渠道来跟我们进行交流,我们后来觉得学生的文章可以有更好的成长的平台,我们把更多的资源用到我们真正的青年刑法学者的成长之上。我们博士生也可以在其他的期刊上发表。我不再做过多解释。

我们先以热烈的掌声欢迎第一位报告人徐然老师登台。今天车浩正好在,我提两个建议。一个是,以后在我们刑法青年学者登台的时候搞一个有点类似选秀的东西;另一个是,在评议环节,不允许搞感情贿赂,只允许批判,青年刑法学者实务论坛应该充满火药味,充满商榷的气息。但昨天一天我发现表扬起人来,比我们这些老年人还要热闹。我觉得这不是我们青年刑法学者实务论坛的风格。

徐然老师非常优异,是八八年出生,我在网上查了一下,法大、北大毕业,成果非常卓著,而且台风非常稳健,今天他要给大家带来的报告主题是《转请托型贿赂犯罪居间行为的不法类型与法理内涵》。在他正式报告之前,我讲一点感想,我一直有一个疑问,我们国家是否把贿赂犯罪搞得太复杂,因为我曾去香港廉政公署交流,也跟其他一些学者交流以及在学习其他国家贿赂犯罪的一些立法之后,我觉得贿赂犯罪很简单,收了不该收的钱,收了不该收的东西,贿赂犯罪就成立了。搞那么复杂干嘛?我们的刑事立法,关于罪名的设置也好,包括各个行为的判定也好,太复杂了。今天我就很想看看徐然老师怎么把一个简单的问题给它复杂化。有请。

报告人:徐 然

转请托型贿赂犯罪居间行为的不法类型与法理内涵

感谢姚老师,也特别感谢他刚刚说《政治与法律》对于青年学者的鼓励和提携,让我在报告这篇论文时更加有信心,可以尝试向姚老师报告。特别感谢武汉大学还有北京大学的犯罪问题研究中心能够给我这样一次机会,向大家做一个小的问题的报告,特别是在来之后发现有几位同仁围绕着这篇论文做了很长但是很扎实的批评,这对我来说,对这篇文章的完善来说至关重要。所以我觉得这是一个很荣幸的事情,因为这篇文章在被编辑看到之前,已经得到同辈甚至是同辈当中我很尊敬的几位伙伴的建议,这是这次报告能够获得的最大的收获。借着这一次报告,我也向大家呈现一下我这篇文章整体的脉络。

今天第一场主要是围绕着贿赂犯罪的特殊形态来展开。给我的任务,主要是去讲在行贿与受贿这组对向犯中间,会存在着各种各样的中间角色,这样的中间角色往往起到沟通、撮合、协助、促成行受贿犯罪的实现的作用,对于这些中间人的不法的形态和刑法上的妥当的定性,是这篇文章所要力图解决的,或者力图去提供解决方案的对象。对于这一个问题,第一部分可能要跟各位师长报告这个问题的意识和来源。第二部分、第三部分、第四部分会围绕着居间人在实务当中被判定的三种常见类型来做逐一的展开和讨论,这是整个报告的结构。

首先最重要的可能是提出问题,这看似是一个简单的问题,但是对于我们这些年轻的、初涉实务的理论研究者来说,潜伏在简单的表面下的问题相对复杂。我们现在来看三个案例,这三个案例在我们的报告里也都有纸质的内容,我就对三个案例当中控辩审三方的基本主张和裁判的要旨作一个简要的说明。

在案例一陈某某行贿案当中,陈某某在行受贿时实施了转递贿款的供贿行为,促成了行受贿最终的实现。对于这样一个中间人，检察机关以行贿罪指控陈某某，辩护人则相对应地，将这个行为理解为《刑法》第三百九十二条的介绍贿赂，相应的罪刑会更加轻缓。对此，一审法院认为陈某某在这个过程中受到的是行贿方的委托，这是实务当中一种常见的逻辑，谁委托的、代表谁的利益，那通常把他归置于相对应的阵营，把他认定为相应一方的共犯。一审法院据此认为陈某某受到了行贿方的委托，并在这个过程中为行贿方完成了沟通和供贿的行为，于是认定陈某某属于行贿的共犯。但是这个案件上诉至二审法院之后，二审法院在这里做了一个重大的转换，他认为上诉人陈某某在转递贿款的过程当中，缺乏与行贿人共同的行贿故意，缺乏与行贿人的意思的连接，于是把公诉机关所指控的重罪降为介绍贿赂。这里就会涉及一个问题，为什么会在介绍贿赂和行贿的共犯当中有如此大的纠结？它所指向的点在于，介绍贿赂的行为内涵到底是什么？这是案例一。

案例二是李某成行贿案，这个案件当中，作为地产中介方，他想去完成他的部分房屋的完税工作，但是他没有走正常的途径，他通过中间人去找寻可以斡旋的、本案的吴某良，去向能够为他提供便利的李某健实施相关的行为，这里很显然在行受贿之间介入了居间人、介入了斡旋人，最终通过国家工作人员利用职权来完成非法完税的行为。对于居间人李某成来说，他的行为在这里如何定性？检察机关没有按照案例一当中的逻辑，以行贿罪来起诉，而是以受贿罪来指控。在指控的逻辑当中，更突出的是，李某成跟斡旋受贿人吴某良之间有所谓的意思的沟通，辩护人同样采取了否定重罪共犯的逻辑。他认为在这个过程当中，行为人只是出于帮忙的目的，并将行为限缩。一审法院对于控辩双方的理解，基本站在了控方的立场。他认为李某成虽然收取的是王某崇的，也就是行贿方的钱财，但李某成实际上是协助了吴某良的斡旋受贿行为，于是，我们会发现居间者不仅仅与行贿者有所谓的协助、协同的行为面向，也有跟受贿者共同行为的面向，所以他其实有两个面向。在这个基础上，一审的法院认为这里构成了受贿罪的共犯，但是上诉至二审之后，二审法院在这个问题当中做出了判断，他觉得李某成沟通、撮合的行为即使符合了介绍贿赂也不排斥行受贿共犯的成立。他提到了竞合的关系，这就有可能导致介绍贿赂罪本身被架空的问题，因为相对于行受贿的共犯而言，介绍贿赂的刑罚是三年以下有期徒刑，这样一个轻罪在这种竞合的逻辑之下没有存在的根据。二审法院改换了一审法院重罪竞合的逻辑，又切回刚刚案例一当中法院的基本逻辑，强调李某成是受何方委托的逻辑。他觉得李某成在这里还是受行贿方的委托，于是把他划定成行贿方的帮助者的角色。我们刚刚也看到在案例一当中，如果把他划定到行贿者的帮助一方，按照一审的理解是可以成立行贿罪的共犯，但是在二审当中，却因为将介绍贿赂理解为撮合，而本案符合撮合沟通的行为，二审就将此改判为介绍贿赂，所以案例二事实上否定了案例一当中的介绍贿赂的行为定性，而采取了一个相对折中的行贿罪共犯的判定方式。

案例三是王某刚行贿案。王某刚在居间的过程中，向大量需要办理身份证的人收取费用，在收取费用之后，通过中间人张某全向有权的国家机关工作人员民警刘某进行行贿。在这个过程当中,总共给予了刘某好处费 181 万元,他本人在这里截取了 55 万元的利益。检察机关一审以行贿罪来指控王某刚,辩护人认为王某刚缺乏行受贿的合意,没有意思联络,应当成立轻罪的介绍贿赂。一审法院在这里支持了控方的逻辑,认为王某刚伙同他人给予国家工作人员财物,构成了行贿罪。在这里要注意,这里跟前两个案例当中认定行贿罪的共犯的逻辑不一样,本案其实将王某刚判定为行贿罪的正犯,因为他觉得在这里,王某刚通过行贿的方式,自身获利了 55 万元。他觉得这就是行贿罪当中所说的谋取不正当利益的内涵,所以属于行贿罪。这个案件经过上级检察机关的审查抗诉,上级检察机关认为王某刚不应当认定为相对较轻的行贿罪,而应当判定为受贿罪的共犯。二审法院对抗诉机关的意见做了支持,认为王某刚的行为构成受贿罪。当然在这里是伙同张某全和刘某,形成了受贿罪的共犯结构。

大家可以看到案例一、二、三涉及居间人的三种不同的形态,对此控辩审三方存在完全不同的意见,特别是在最后一个案例当中,采取了重罪竞合逻辑,强调以受贿罪的共犯来论处。我们大体来看一下目前对于居间人的处理方案,有介绍贿赂罪,有行贿罪的共犯,包括刚刚案例三一审当中所说的行贿罪的正犯,还有受贿罪的共犯,这三种方案分别符合了一般的文义的理解、一般的社会观念和重罪处罚的需求。但是问题在于,第一,介绍贿赂罪的内涵不清楚,沟通磋商、形成管道、转递贿款,乃至形成行受贿的预谋等行为是不是都可以包括在介绍贿赂之中;第二,采取行贿罪的共犯这种逻辑,就像案例二当中法院的理解一样,即使成立介绍贿赂,也不排斥行贿罪的成立。这里可能就涉及行贿罪和介绍贿赂罪存不存在互斥关系。如果彼此存在竞合关系，介绍贿赂罪的独立性会不会被取消？第三，还有一个重要的问题是，在居间人扣取好处费，甚至私自截留贿款的行为当中，行贿的数额如何来认定？特别是有的案件当中会形成行贿人、居间人、受贿人最终的数额不一致的情形，甚至将居间人理解为共犯关系之后，仍然出现了正犯和共犯的数额完全不一样的情形，这存在数额认定的复杂问题。受贿的共犯同样存在这个问题，它背后的逻辑仍然是，作为居间的中间人在双向提供帮助的过程当中，既可能符合介绍贿赂，但也可能因为提供了双向的便利，又具有提供双向便利的认识和意欲，就可以构成行受贿的共犯，相比于行贿的共犯而言，受贿的共犯更重，于是在这种竞合的逻辑之下，受贿的共犯就会是一个较为符合重罚需求的答案。

目前这三种方案摆出来之后，就会让我们想到，这类似于我们所说的，刑法中的三体问题。如果是涉及具体某一个罪的适用，我们就去理解个罪的规范的内涵，去理解个罪的适用问题。如果是涉及两个罪的问题，则类似于有两颗恒星的状况，我们可能大体上去研究这两颗恒星的相互运行关系，在刑法当中，可能就会引入对向犯的法理问题，就会考量在不作为正犯处罚某一方的时候，能不能将这一方作为对向犯的共犯来加以处罚，我们相应地发展出立法者的意思说、实质的个别说这些理论来作为支撑。与传统的对向犯不同的是，居间行为在这个过程当中加剧了问题的复杂性，使得我们作为适用者，好像是一个行星，有三个恒星摆在我们面前，我们会发现这三者的关系是不确定的，这三者彼此是互斥的关系,还是并列关系,还是可以包容竞合的关系并不确定。所以在这个过程当中,就会加剧适用者的困惑。

对于定性上的三种的讨论,我们逐一来进行进一步审查,去看居间人在何种情况下符合这三种不法类型当中的情形。对于较轻的介绍贿赂的行为,第一,我们可能要还原到介绍贿赂罪立法的沿革和关于本罪的废止和支持论的立场。从废除论的角度来看,认为介绍贿赂没有单独存在的意义,具体而言,没有理由认为双重的帮助、双向的帮助会轻于单向的帮助,因为在这个过程中,居间人通常完成了双向传递的过程,很显然,本罪如果独立化,将不符合共犯的认定原理。第二,认为不符合共犯的处罚实践,比如在刑法和司法解释当中,大量地出现居间介绍的问题,论者就会采取举例的方式,比如介绍买卖枪支的行为被理解为买卖枪支的共犯,明知他人是人贩子还利用自己诊疗或者救助的特定义务,向人贩子提供相应信息的,居间介绍的行为也被认定为拐卖妇女儿童的共犯。论者会采取这种举例的方式去论述本罪的存在不符合共犯的处罚实践。第三,认为本罪也不太符合各国的立法趋势,特别是本罪来源于我国1950年的刑法草案,初见于1952年的惩贪条例,这些都来源于苏联的刑法体系。与之相对应的观点站在了解释论的立场上,他试图从几个维度上去论证介绍贿赂的独立意义。第一种观点认为本罪属于帮助犯的正犯化,很显然,它认为有一个分则当中规定的独立的处罚类型,于是在这里可以把它理解为将帮助犯进行了正犯化,但是这里有一个法理上的重大问题,就是刑法单独在分则中进行规定,往往是偏向于处罚更重的行为,因为相对较轻的处罚可以通过总则的扩张事由来完成，分则独立进行较轻处罚的理由是不清楚的，帮助犯正犯化没有法理性的根基。同时，帮助犯的正犯化也面临一个更大的法政策上的质疑，那就是在行贿受贿一起抓，行受贿一起严厉打击的当下，将一个重行为降格成一个轻行为的行为类型，符不符合政策的逻辑。第二种观点是非帮助行为，它很显然发现了，如果将这个行为定位为帮助行为，很难跳脱废除论的基础逻辑，所以它试图将沟通磋商的行为理解为不是帮助行为，但是很显然，我们知道帮助行为除了物理帮助还有心理帮助，居间者通常在这里扮演了双向的角色，所以很难把居间、撮合、协商、沟通排除出帮助行为的范畴。第三种观点是实务部门早期比较权威的观点，比如朱孝清提到的独立的故意说，他说居间者既不从属于行贿方，也不从属于受贿方，居间者往往有自己的独立的行为类型和独立的主观认识，这样的理解，从形式上看似乎能够说明独立处罚的依据，但实际上我们可以发现，行受贿犯罪当中的居间人往往与行受贿其中的一方甚至双方具有熟识关系，很难认为他能够有相对独立的地位。另外，在行受贿过程当中，即便存在相对独立的介绍的故意，但是因为同时参与了行贿和受贿的行为类型，很难否定中间人对于行贿的参与故意，或者对受贿的参与故意。所以在目前支持论的逻辑下，很难为介绍贿赂提供一个合理的证成依据，相比而言，从法理上来说，废除论者更加符合共犯的处罚原理。为了进一步地延伸支持论的观点，我的论述站在介绍贿赂与行贿的规范关联的起点上去论证介绍贿赂的独特性。

一方面，从立法沿革上，介绍贿赂长期与行贿并处于同一罪状当中。从1952年的《惩治贪污条例》（现已失效）到1979年的《刑法》，直至1988年《全国人民代表大会常务委员会关于惩治贪污罪贿赂罪的补充规定》（现已失效），两罪才开始分离，分离的实质原因是立法者增加了行贿罪的处罚，而并不表明两罪的罪状的相似度被改变了。另一方面，从罪名体系来看，第三百九十二条介绍贿赂罪、第三百八十九条行贿罪和第三百九十条之一对有影响力的人行贿罪，以及第三百九十三条的单位行贿罪，不仅罪状长期并行，而且在罪名体系上，介绍贿赂和行贿也有所谓的亲缘性。从罪状的表述来看，它们的目的都是指向国家工作人员，一个是给予国家工作人员财物，另一个是为国家工作人员介绍贿赂。在这种关系下，并明确了介绍贿赂和行贿的实质规范关联之后，我们进一步地来看，如果把介绍贿赂理解为有别于行贿罪实行行为，那么可能是对介绍贿赂赋予单独的法理内涵。在此就引入了实质的预备犯的概念。实质的预备犯的"实质性"强调的是在分则中具有可罚类型，很显然第三百九十二条符合了形式上的要件，它不是根据总则的第二十二条进行的形式上的扩张，它在分则当中实质性地进行了可罚性的扩张。在预备性上，就面临重构的问题，也就是将本来大家认为属于对实行行为的帮助的介绍行为拉至预备阶段。认为所谓的沟通撮合实际上是为行受贿的开展提供了条件，为了犯罪准备工具、制造条件的过程被定位在预备阶段；在这个基础之上，为了限定对实质预备犯的理解，事实上还要引入对法益关联性的判断，也就是不能把大量的行为都理解为预备行为，比如非法持有枪支，不能把它直接理解为故意杀人的预备行为，原因就在于非法持有枪支跟故意杀人之间缺乏一种规范的、侵害的同一指向性。所幸,在介绍贿赂和行贿罪当中存在这种法益的关联性。在此基础上,我们进一步地检验,对这种实质预备犯的判定,符不符合我们现行刑法或者司法解释当中的规定,我们就会看,实质预备犯被定性为行为犯,事实上,在它的可罚性上,需要有所谓的一般的、类型性的风险。我们看最高人民检察院和公安部的追诉标准,事实上都是在指涉介绍贿赂可能产生的所谓的风险。第一是它包括介绍个人或单位分别贿赂2万元、20万元,这里可能促成较为严重的贿赂犯罪;第二是可能促成行贿人实现不法利益,这里是指为了行贿人获得不法利益而介绍贿赂;第三是实施了三次以上,或者针对多人介绍贿赂,它构成了所谓的累积的风险类型;最后是针对党政机关、司法机关、行政执法机关这些重要工作岗位的人员实施所谓的介绍贿赂,可能就构成了对于重要的职务行为的侵害风险。在这种追诉标准下,可以印证对于介绍贿赂,实务部门采取了将一般类型化的抽象危险附加到行为的可追诉和可罚性当中,这也印证了所谓的实质预备犯这种假定的合理性。在此基础上,我们可以进一步来看介绍贿赂罪是行贿罪的实质预备犯的合理点。第一,它形成了介绍贿赂独立适用的优势。第二,它实现了介绍行为的均衡,因为它把所谓的实行阶段的介绍行为提前到预备阶段,对于抽象危险的规制,似乎不需要过高的刑罚的配置。第三,它有利于协调介绍贿赂和共犯原理的适用,当行为人通过了预备的类型行为而进入到实行阶段之后,就会存在着预备转实行当中的实行阶段与预备阶段的补充竞合关系。既然出现了预备转实行,实行就可以单独地进行处罚,突破预备性的类型之后，就可以单独作为行贿罪的共犯来加以处罚。同样，我们可以发现在居间犯罪当中会出现连锁的帮助行为，即 A 通过 B，B 通过 C，C 通过 D 来进行连锁的居间介绍。在行贿者直接跟居间者当中的一人交付贿赂，由他进行供贿的场合，我们就会发现，将介绍贿赂定义为实质预备犯，有利于定位我们所说的预备阶段，对于其中的实质参与者可以进行单独的共犯的处罚，这也符合共犯的原理。第四，能够有效地弥补行贿共犯中的处罚漏洞，比如教唆他人进行行贿，他人未实施，对于教唆者而言，由于没有真正实施，他可能构成我们说的介绍贿赂罪未遂。此处，行贿人可能为了正当利益，实施相应的行贿行为，比如类似加速费的行为，对于介绍人而言，如果根据传统的共犯从属性原理，行贿者不构成，介绍者可能也不构成，但是对于职业掮客而言，所谓的抽象危险是始终存在的。在界定了它的实质定性之后，我们就会发现，当它跳跃了预备阶段之后，就会进入到我们所说的贿赂犯罪的双向结构当中。因为我们确定它的独立性之后，会出现行受贿的双向结构，由这个双向结构我们就可以看出整个贿赂犯罪是围绕着职务行为的违反，实施相应的违背职务要求的行为而展开的，所以是以受贿为核心的对向犯。在这个过程中，行贿者、居间者都是共犯，而受贿者才是贿赂犯罪当中的正犯或主角。于是，当居间者超出了预备行为，他首先应该评价的行为类型是行贿者的同行者，而不能直接逾越到犯罪结构当中的核心角色。这是对于我们所说的行贿共犯的讨论。

我简要地把收尾的部分介绍一下。对于行贿的正犯而言，可能会存在居间者截留利益的问题。截留的利益属不属于我们说的为谋取不正当利益,而成立行贿的正犯?这里很重要的视角是将谋取不正当利益还原回贿赂犯罪结构当中,将不正当的利益与职务违反相关联。于是我们就会发现,居间者虽然在这里获益了,但是他的获益不直接来源于受贿方违反职务的行为。因为违反职务的行为所产生的利益是向行贿者提供的,居间者虽然获益,但获益不能够被泛泛地理解为行贿罪当中所说的"为谋取不正当利益",因而排除行贿罪正犯的可能性。当行为超出预备行为的时候,只能判定为行贿罪的共犯,而不能是行贿罪的正犯。最后是对受贿的共犯的判断,因为在贿赂犯罪的结构中,受贿罪是一个重罪,不能轻易地由预备的行为上升为更重的受贿罪的共犯,但是同样存在着例外的情形。在2003年《纪要》当中,有很明晰的指引规则,就是对于非近亲属关系的伙同受贿的人,既需要事先的通谋,又需要事后共同占有贿赂。换句话说,要将居间者判定为受贿的共犯,必须达到意思的同心和利益的同体,要接近近亲属跟受贿人之间的财产的共享关系,在这种严格的条件之下,所谓的居中介绍的行为才能跃升至最高层次的不法的处罚类型。这是关于居间人的三种不法形态的不断跃升的基本观点,我的发言到此结束,谢谢大家。

主持人:姚建龙

谢谢徐然教授非常精彩的报告。因为我等会儿要赶飞机,后面也有很精彩的评议,我在这里主要从学术刊物的角度稍微讲几句。我其实对这篇文章有一个吃不准的地方。一篇文章能不能过我们初审,有一个很关键的环节。我们看论文是看三个东西,问题、理论和方法。理论和方法一般没有问题，但是对于问题，比如你的文章把三个案件中的行为人均类型化为居间人的转请托行为，但我觉得何为居间人、何为居间行为在你的这篇文章里面没有说明白。还有，对请托和转请托之间是一个什么样的关系也没有做过多的阐述。如果这两个问题你不能回答，那么这篇文章的问题能否成立就是存在疑问的。当然，对这个问题的意义还可以再做进一步的探讨。我觉得这可能是我们编辑看文章和一般学者看文章的区别。正好借这个机会跟你沟通一下，也希望我们后面的与谈人能够就这个问题作出一些回应。我的任务已经完成。我们这个单元的主题报告就先到这个地方，我们有请下一阶段的主持人童德华教授和叶小琴老师。

二、评议

主持人：童德华

各位同仁上午好，下面由我和叶小琴老师来主持评议，今天前面的这场报告，尽管姚建龙老师认为要批评的东西多一点，但是我觉得我们对年轻的老师有时候也要鼓励一下，也不能一味地批评。

徐然老师的这个报告在我看来还是有很大的意义的，因为最近几年我一直从事刑法立法的理论研究，而我用的方法也是试图通过我们的刑法教义学来尝试为怎么把立法做得更好提供一些新的路径。至少我觉得徐然教授的报告给我们提供了新的思路，他的文章的意义可能还不仅仅局限于贿赂的居间型犯罪里面，实际上对所有的对向犯中间的居间者到底怎么去认定，其实在实践当中都有很大的问题，比方我们讲的容留妇女卖淫的行为，在实践中很多时候就把容留的行为直接等同于组织卖淫的行为来进行处理。所以我觉得这个方法还是有很大的意义的。另外我感觉到他的文章里有很明显的类型化思维的色彩，一个严格的居间行为，再往前面靠一点，它可能就是行贿的共犯，往后面靠一点，它可能就是受贿的共犯。我觉得这种思路至少是非常有新意的，但是对于最后他的论文到底能不能够经受住学理上的考验，我们还想听一听今天来参加学术会议的四位既年轻又很优秀的青年刑法学者和实务工作者的评论和评价。首先我们有请第一位评议人，他是南开大学的非常杰出的青年优秀学者邹兵建老师。好，有请。

评议人：邹兵建

　　谢谢主持人。尊敬的各位老师，各位法律界的同仁，上午好。首先感谢主办方给我这次宝贵的学习机会，刚刚认真听了徐然老师的报告，此前也认真学习了他的大作，可以说受益匪浅。

　　徐然老师的大作是由三个案例引出来的，这三个案例都涉及转请托型贿赂中居间行为的定性问题。这三个案例本身其实并没有特别复杂。但是这三个案例引出了一个很复杂，但是以往又很少被深入讨论的问题，就是怎么去理解介绍贿赂罪？这也是徐然老师的报告和文章中的核心关键点。这里涉及介绍贿赂罪、行贿罪和受贿罪，但是实际上最核心的关键点就是怎么去理解介绍赂罪,这个问题又可以从立法论和解释论两个方面去展开。而实际上,在理解介绍贿赂罪的时候,立法论的思考和解释论的思考是紧密地联系在一起的。今天咱们有法工委的领导在现场,我不知道这样说合不合适。我国学界普遍认为,介绍贿赂罪是一个不太名正言顺的罪名,或者觉得多少有点名不正言不顺,所以都会想方设法去限制它的适用范围,这当然是对它的外延的限缩。可是这样去处理需要从理论上解决一些问题,比如为什么要去限缩。这就涉及怎么为我们的限缩找一个正当化的理由,或者找一个依据的问题。根据我的观察,学界有几种不同的解释模型。

第一种,就是我们很容易想到的,帮助行为正犯化的解释模型,这里不再做太多的展开。当然这种解释模型肯定有它的问题。

第二种,我把它概括为片面共犯的解释模型。可能目前学界还没有谁去明确提出这种模型,但实际上我在读张明楷教授的教科书的时候,我感觉他限缩的范围实际上就是片面共犯。

第三种,就是我们徐然老师提出来的实质预备犯的模型,或者可以说是预备行为实行化的模型。但是,如果仔细去理解,实际上徐然老师也没有放弃帮助行为正犯化。因为通常说的预备行为肯定是指正犯对应的预备行为。所以如果要说帮助行为正犯化这个模型类似于我们传统的燃油车,那徐然老师的解释模型可能是油电混用。我觉得解释力很强,我学习了以后受益匪浅。

徐然老师的大作和报告问题意识非常清晰、结构合理、表达流畅、观点新颖,论证有一定的深度,展现了他深厚的理论功底和对司法实务的敏锐洞察力。时间关系,我就不再一一列举,我主要通过概括性的四点来介绍他的文章和报告的亮点。

第一个是立法论研究和解释论研究的自然衔接。可以说这两种研究做在一起很容易引起混乱，但是他做得很好，没有引起混乱。第二个是问题性思考和体系性思考的合理接入。问题性思考主要致力于追求结论的妥当性，体系性思考也要追求理论逻辑的一致性。第三个是对类型化分析方法的灵活使用。刚刚童老师也明确指出了这一点，我深有同感。第四点是论证角度的独辟蹊径。从我个人的角度去理解，这是徐然老师这篇文章最大的亮点，也是他最大的理论贡献。

当然学术评论不能只有表扬，更何况我和徐然老师有一种特殊关系，我们是硕士室友、博士同窗，有深厚的友谊。虽然友谊的程度可能还达不到《刑法》第三百八十八条之一规定的"关系密切的人"的那种程度，但是我觉得也已经很深厚了。这种关系的存在使我评论他的文章可能会少一点顾虑，或者反过来，使他对我的评论多一些包容。所以我想对他的核心观点提出我的商榷性的看法。我不太赞同把介绍贿赂罪解释成实质预备犯，主要有三点质疑。

第一点是这种解释方案在法理依据上可能是不太充分的。这里会涉及一个问题，判断一个罪名是不是实质预备犯的标准是什么？徐然教授需要处理这个问题，他事实上也做了一个交代，他说是实行性要求和预备性要求。但是实行性要求和预备性要求是学界为了限缩实质预备犯的处罚范围而提出来的两个要求，如果把它作为实质预备犯的成立条件，我认为它只是必要条件，不是充分条件。当然如果你透过形式逻辑，进入到实质逻辑再仔细去看，我觉得实行性的要求其实也没办法起到甄别一个罪名是不是实质预备犯的作用。排除了实行性要求，只剩下预备性要求，预备性要求当然没办法成为一个充分的标准。

第二点是把它理解成行贿罪的实质预备犯，其实难以协调介绍贿赂罪和行贿罪的关系。在是否承认介绍贿赂罪和行贿罪共犯的竞合关系上，这种解释方案会面临着两难的困境，如果你承认它有竞合关系，介绍贿赂罪就会被架空；如果你不承认它有竞合关系，你就必须得做出说明，这个时候又不得不引出帮助行为正犯化的解释模型。这个解释模型又会带来它的问题。

第三点是把介绍贿赂罪理解成行贿罪的实质预备犯，容易造成处罚范围和处罚时点上的不平衡。比如你把行贿罪的正犯行为称为 A，把行贿罪在实行阶段的帮助行为称为 B，把行贿罪在预备阶段的帮助行为称为 C。在违法程度上 A 大于 B，B 大于等于 C。所以从这个角度推导，A 跟 B 的处罚范围不能小于 C，A 跟 B 的处罚时点不能晚于 C。可是如果按照徐然老师的解释方法，可能会得出截然相反的结论。

最后，到底怎样去理解介绍贿赂罪？我个人认为，学界虽然在到底是要废除还是保留介绍贿赂罪这个问题上存在针锋相对的两种观点，但是他们都认为如果不设置介绍贿赂罪，介绍贿赂的行为也会构成犯罪，就是构成贿赂犯罪的共犯。这一点一定可以成立吗？帮助行为一定会构成帮助犯吗？我觉得这个问题可能就超越了具体的罪名，成为一个一般性的理论问题。帮助犯中的帮助行为要不要像实行行为那样有一定的类型性，或者门槛性的要求？学界可能很少正面去回答这个问题，但是我们讨论中立帮助行为，实际上在侧面解决这个问题。是不是可以提出一种新的解决模型，就是中立帮助行为的解释模型？实际上普通的介绍贿赂行为，在行贿方和受贿方之间进行引荐、介绍，进行沟通、撮合，这种行为实际上有它的日常性，有它的中立性；另外，这个行为确实又在贿赂犯罪当中起到了帮助作用，有它的帮助性，所以在我看来，它实际上是典型的中立帮助行为。可是，在理论上，关于中立帮助行为是否要处罚，以及它的处罚范围、程度，学界实际上是有很大的争论的。如果不去专门设置这个罪名，理论上就会有很大的分歧，司法实践就会非常混乱。所以在我看来，在行贿罪和受贿罪之外，再额外地去设置介绍贿赂罪，或许就是用立法的方法去避免这种理论的分歧和实践的混乱。我们不讨论中立帮助行为是否一定要处罚，至少在贿赂犯罪的语境下，通过介绍、沟通、撮合这种形式实施的中立帮助行为是有可罚性的，但即便如此，也不是所有的这种行为都有可罚性，因为它还有情节严重的要求。我觉得如果采用这种解决方案，一方面，能够理清介绍贿赂罪与行贿罪共犯的关系，因为介绍贿赂罪处罚的可能就是行贿罪的中立帮助行为，行贿罪的共犯处罚的是普通的帮助行为，中立帮助行为和普通的帮助行为虽然都可以称作帮助行为，但有质的差异，不能混为一谈。另一方面，我觉得中立帮助行为的解释模型，还可以把对介绍贿赂罪的理解，从通常理解的帮助行为正犯化这种具有很强大的吸引力的模型中打捞出来。介绍贿赂罪未必是帮助行为正犯化，它有可能只是一个独立的罪行模型，也就是说介绍贿赂罪虽然对行贿罪没有罪名的从属性，但是仍然有要素和实行的从属性。只有在介绍贿赂罪所帮助的行贿人具有谋取不正当利益的主观目的的时候，介绍贿赂行为才会构成介绍贿赂罪；也只有在介绍贿赂行为所帮助的行贿人已经着手实施实行行为的时候，介绍贿赂行为才需要处罚。

以上就是我学习徐然老师的大作和报告的心得体会，不当之处请各位老师，尤其是徐然老师多多批评，谢谢。

主持人：童德华

好，感谢邹兵建教授在十分钟之内作出的非常完美的评议。我仔细地阅读了他的评议报告，我觉得是用了心的，他还举了几个例子，我觉得他可以把例子里的几个字母改一下，比如改成A、A+、A-，可能大家更好理解一些。我们现在搞大学的一流教育，你是A+还是A-还是A，有的A和A+就进了所谓的"双一流"，A-就进不了"双一流"，它就是程度问题。我觉得这种程度问题，实际上对我们进行理解很重要。大家都知道，我们理解实行行为的时候有形式说还有实质说，实质说就是看对法益造成侵害的紧迫性的程度。在这个问题上，我觉得邹兵建教授的观点可能很值得徐然老师进一步地做一些思考。好，下面就请我们的另外一位杰出的青年刑法学者，来自北京大学的王华伟博士，为我们点评。

评议人：王华伟

非常感谢童老师的介绍。首先也要特别感谢车浩老师、何荣功老师以及我们会议的主办方，让我能有这个非常宝贵的学习、参会的机会。事实上我个人对于职务犯罪真的是没有什么研究，所以我完全是抱着学习的心态，认真地拜读和聆听了徐然老师的大作，以下我简单地谈几点学习的心得和体会。

第一点我想谈的是，徐然老师这篇文章所讨论的问题的复杂之处，以及作者回应的思路。这篇文章需要解决的其实是一个在我看来非常棘手、非常复杂的问题。因为贿赂犯罪的居间行为定性其实是在多个构成要件可能的涵摄范围之内，来明确它的体系性位置，也就是说其实是在多个不同的构成要件互相拉扯的关系中对贿赂犯罪的居间行为进行定位。就像徐然老师所介绍的，行贿罪和受贿罪是对合关系，行贿罪和介绍贿赂罪之间也是对合关系，在这种非常复杂的、多重的对合关系之下，贿赂犯罪的居间行为的性质就需要在多个构成要件的夹击之下来进行厘定，势必非常棘手。我个人认为，尽管如此，徐然老师的文章还是有非常清晰的内在逻辑，他试图层层递进地理清这种复杂的关系。按照我个人的理解，如果没有理解错的话，徐然老师实际上是以法益侵害为中心，把贿赂犯罪的所有关联行为看成一个整体事实，由远及近，从介绍贿赂到行贿，再到受贿进行了排序，然后在这种排序的梯度里面和这个背景下，对贿赂犯罪居间行为再进行定位。在这个背景下进行分析，就有一个基本的分析尺度，所以整个文章就不会在对这个非常复杂的问题的探讨里迷失。所以，他的整个行文结构也是由远到近，先处理贿赂犯罪居间行为和介绍贿赂罪的关系，然后再处理它和行贿罪的关系，最后再处理它和受贿罪的关系。我个人觉得这种安排是非常清晰的，可以让读者非常清晰地理解贿赂犯罪居间行为在整个大的贿赂行为链条里面和不同阶段里是如何产生关联，以及如何去进行解读，这是第一点我想谈的。

第二点我想谈的是,整个文章在每一个具体环节的区分思路都有相当的创新性。刚才因为时间关系,徐然老师其实最后还有一个问题没有来得及细讲,但是不管怎么样,在处理贿赂犯罪的居间行为和介绍贿赂罪、行贿罪的关系等这样一些问题上,每一个部分的观点都比较前沿,具有新颖性的特点。比如让我印象非常深刻的是,徐然老师讲对贿赂犯罪居间行为和介绍贿赂罪的关系的认定,刚刚邹兵建老师也提到了,他实际上是把介绍贿赂罪理解为行贿罪的实质预备犯,或者预备行为的实行犯,以此为标准,再去进行不同的类型化的处理。比如他认为只有这种通道式的贿赂居间行为才能被理解为介绍贿赂,因为它仍然处在贿赂犯罪流程的预备阶段,但是如果是中转式的贿赂的居间行为,他认为已经实质性地介入了,所以这个时候就不再是仅仅按照介绍贿赂罪来论处,而应当按照行贿罪的共犯来论处。又如在处理第二阶段的贿赂犯罪居间行为和行贿罪的认定时,他实际上主张通过对行贿人"为谋取不正当利益"这个要素进行实质性的限缩解释,来区分哪些行为按照介绍贿赂罪来处理,哪些行为按照行贿罪的共犯来处理。这些观点其实都比较新颖,也都在很大程度上拓展了我们对于贿赂犯罪的法教义学的研究。这种研究对于理论,对于实务都有很强的指导力。

第三点我想谈的就是,在拜读、学习完这篇文章之后,我个人仍然有一些小小的疑惑。就是第二节的内容,徐然老师刚才其实也花了很多的时间在介绍介绍贿赂罪的立法论存废的问题,邹老师也提到了,这部分的研究和梳理其实是非常详细的,但他最后得出的结论认为，废除论可能更符合实际，或者一般的共犯原理。但是从行为结构的角度来说，我个人的一个小小的困惑就是，徐然老师这篇文章是非常纯粹、非常经典的法教义学的研究，是对贿赂犯罪居间行为的刑法定性进行的一个层层递进、条分缕析的纯粹法教义学研究，这一部分的研究是立法性色彩比较强的，立法性色彩内容篇幅又占比较大，似乎可以在整个篇幅上稍微有一些压缩，或者把它压缩成一个更好地服务于整个法教义学论述的辅助性论据，可能会更好一点。

第四点，我也想谈一谈我在实体问题上的一个小小的疑问，刚才邹兵建老师其实也对这个问题做了很多重点的阐述。徐然老师整个文章最核心的一个地方，就是把介绍贿赂罪理解为行贿罪的实质的预备犯，或者预备行为的实行犯。刚才徐老师其实已经很详细地阐述了这个观点，这种理解可以解决掉实践中这些罪名界分之间很多的难题，所以在很大程度上确实有助于去理顺这些罪名之间的复杂关系。但是我个人的理解是，这种预备行为的实行化，其实还和另外一个很重要的问题，也就是共犯正犯化，或者帮助行为的正犯化存在非常复杂的关系。过去比较具有代表性的或者典型的观点，其实是从帮助行为正犯化或共犯正犯化的角度来理解和思考介绍贿赂罪的性质。但是这种理解可能就会让人产生很多的疑惑，因为按照这样的理解，可能很多的实务界人士就很难去确定这个罪它在实务中到底有多大的独立存在的空间。因为按照这种帮助行为正犯化的理解，似乎它本身符合帮助行为的构成要件，既然是符合共犯的条件，为什么不直接按照行贿罪的共犯来论处？这个时候成立这个罪的空间会有多大？这种疑问其实在帮信罪和诈骗罪的共犯之中也大量存在,实务界也存在非常多的困惑。而徐然老师的这篇文章,其实很大的一个亮点就是,在一定程度上规避了这个问题,他不再从帮助行为正犯化这个角度去理解,而是从预备行为实行化,或者实质预备犯的角度去理解,即将介绍贿赂的行为定位为行贿罪预备阶段的预备行为。但是我个人的理解是,这个观点可能还没有完全解决上述所存在的问题。因为即使是把介绍贿赂罪定位为行贿预备阶段的预备行为,但是它毕竟罪名就叫介绍贿赂罪,所以他的核心内涵还是介绍。既然核心内涵还是介绍,那就仍然绕不开帮助,或者共犯的问题,因为在预备阶段所实施的行为仍然可能是一种帮助。实际上,我们知道在实践中很多的共犯往往在预备阶段就已经对正犯提供帮助了,只不过行为还会继续往后发展。所以仅仅根据介绍行为处于预备阶段还是实行阶段,是不是真的能够很好地区分介绍贿赂罪和行贿罪共同犯罪的关系,可能还有讨论的空间。比如文章里面说,通道式或者中转式的两种介绍行为,前者按照介绍贿赂罪来论处,而后者按照行贿罪的共犯来论处,这种观点我觉得是有一定参考意义的,但是这种差异化处理的核心原理,我觉得可能根本上还是在于这两种行为对于行贿行为的实质的贡献程度是不一样的。其实刚才邹兵建教授也是这个意思,他倾向从帮助犯的实质角度来进行判断。所以可能这个地方不仅仅在于介绍行为只是处在预备阶段,而是它的实质贡献的程度还是相对较轻,才作为介绍贿赂罪论处。所以实质的贡献程度和行为实施所处的阶段可能是两个不同层面的问题。再如按照徐然老师的观点,如果行贿罪已经进入了实行阶段,好像这个地方就没有成立介绍贿赂罪的空间了。但是有的时候,行为已经进入实行阶段,但是介绍贿赂人最后由于种种原因又不构成行贿罪的共犯,这个时候如果不能考虑按照介绍贿赂罪来论处,可能就会存在一定的处罚漏洞。总的来说,我个人觉得预备行为实行化和帮助行为正犯化的关系还需要进一步地厘清。但是无论如何,徐然老师的文章为我们提供了一个全新的视角,对我个人和实务来说都是非常具有启发意义的。以上就是我对于这个问题的一点浅薄的学习体会,有不对的地方,请大家批评指正。谢谢。

主持人:童德华

感谢王华伟博士,他的评议也很用心,我觉得他至少对我们徐然老师有两个意见。本来我认为徐然老师的报告是一个化繁为简的报告,把一个很复杂的实践问题,用他的想法做得更简单,但是王华伟博士不仅在他的传统思想里面注入了一种抽丝剥茧的考虑,还从位阶的方式和角度上给他提供了很好的建议;另外,他又建议我们的徐然老师能够在教义学方面继续坚持,不能够游离于教义和立法之间。当然,这点我觉得也是可以考虑的。今天我主要学习了徐然老师的报告,也学习了邹兵建老师和王华伟博士的评议,对我也是深有启发,回去之后我也要好好地再继续思考和学习。

我的主持工作即将结束,在结束之前,我也向车浩教授,还有何荣功教授表达我的感谢之情:第一,让我感受到青春的活力,我也曾经青春过,但是感觉现在好像已经属于中年人的行列了;第二,也感受到思想的活力;第三,更感受到学术的活力,从来没有一场学术报告,像昨天和今天这样,充满思想的碰撞和火花。我的发言就快结束了,下面就请我们武汉大学的金花,叶小琴教授主持下半阶段的评议。有请叶老师。

主持人:叶小琴

谢谢童老师的介绍,先说一下我自己的简短的体会。我觉得下一位评议人特别契合徐然报告人的实质预备犯的观点。为什么?第一,他有书面报告,说了三点意义,一句带过,马上就开始实质性地商榷,我觉得非常符合我们前面的前辈对评议人要多体现一些商榷的要求。第二,下一位评议人有三个非常好的维度,他在德国拿了硕士学位,有非常好的比较法的视野;他还有自己亲自办理案件的经验,以经验来对观点作出商榷。第三,昨天其实有评议人提出了案件下降20%—30%的数据来比对。所以他能理论结合实际,也有犯罪学和刑法的思维。下面,我们隆重欢迎湖南师范大学法学院副教授赵冠男来做评议。

评议人:赵冠男

非常感谢叶老师,谢谢大会给予的宝贵的发言机会。刚才关于徐然老师的文章的内容也好,优点也好,邹老师跟王老师都讲了很多了,我就不再重复,就像刚才叶老师讲的,我谈三点感受。

在进入评议内容之前,我希望跟邹老师商榷一下,拜读徐然老师的文章后,发现我的观察跟你的观察不尽相同,因为邹老师一直在谈,所谓的介绍贿赂罪到底应该怎么去限制,但是我觉得虽然徐然老师提了实质预备犯的观点，看起来是在限制，但实际上我们通过他的三个案例可以看得出，他实际上是想在行贿的共犯和受贿的共犯之外，有效地释放一个介绍贿赂罪的适用空间。当然，在释放的同时又不能放得太多，对吧？所以同时提出实质预备犯，放中有缩的基本观点。我们看一看裁判文书网可以清晰地发现，相对于行贿罪、受贿罪的海量案件，介绍贿赂罪的案件数量是多少？个位数。我们都说要限缩这个罪名，但只有个位数。今天法工委的领导也在现场，如果一个罪名现在只有几例的适用数量，我们还要限缩，干脆下一次把它废掉算了。

我自己的感受有三点。

第一点，我觉得在行贿罪和受贿罪以外释放介绍贿赂罪的空间是非常必要的，而这种类型化和定型化的努力也是非常重要的。我介绍一个案件，这是最高人民检察院第32批的指导性案例，是一个缺席审判的案件，发生在湖南长沙，针对的是长沙轨道交通集团原董事长彭旭峰。这个案件的影响很恶劣，因为这是党的十八大以后第一个外逃的案件，而且当时把长沙的政法委书记和纪委书记都抓了。为什么？通风报信，跟他讲要抓你。他在境外还是判了，到现在为止仍然没有回来。在认定他受贿2.3亿元的基础上，最后缺席审判认定罚没1亿元加境外的5处房产。在这个前提下，他虽然跑了，但是他的弟弟、妹妹、妹夫基本被抓起来了。这个系列案是放在岳阳来审的，判得相当重。比如有一个案件是"胡某受贿案"，是我们参与的一个案件。胡某是彭旭峰的弟弟彭耀峰的高中同学，他干了什么事？组织饭局。长沙轨道交通经济体确实利润非常丰厚，所以大家都想跟彭总吃饭，怎么办？胡某就对外号称，跟他们是熟悉的，大家也确实是相互利用，都有这个需求。由胡某组织饭局，并且明码标价，比如今天晚上，王老师可以参加饭局，坐在彭总身旁发名片、介绍自己是谁，和其认识，标价一百万元；不是彭总身旁的位置，但可以往上席坐一点，不要讲话，露一个脸，标价五十万元；坐到末席，端茶倒水搞服务的，标价二三十万元。组织几个饭局以后，最后能到手五百万元左右。接触这个案件以后，我们想这是一个典型的介绍贿赂，我想徐然老师应该也不会否定，因为胡某没有参与任何的行贿或者受贿的实行行为之中。但是检察院认为，你收了钱就不可能是介绍贿赂，所以他们一开始就定一个共同行贿，在共同行贿的前提下，因为胡某只是辅助作用，所以虽然有五六百万元的金额，但认定从犯，认罪认罚，六年。我们觉得这个结果也没有办法，因为当时这个案件很特殊，但是到法院以后，法院没有认可认罪认罚协议。法院认为这不可能定行贿罪的共犯，直接认定了受贿罪的共犯，且认定为主犯，而且说受贿的这一部分五六百万元，胡某在其中起主要作用，所以判了12年。通过这个案件，我非常深刻地体会到我们徐老师的良苦用心。如果我们不把所谓的介绍贿赂定型化，实际上我们在实践当中就更加看不到介绍贿赂，要么就是行贿，要么就是受贿。

第二点，在这个前提下，对于所谓的释放空间背后的政策考量，我跟徐老师的看法不太一样。实际上徐老师在文章里面多次谈到，基于所谓的介绍贿赂、行贿、受贿这种依次递进的关系，我们主张要贴近行贿来解释介绍贿赂。但是实际上需要注意的是，这是一种典型的"以刑制罪"的思维方式，而这显然不是基于严格的教义学的推理，它实际上是一种刑事政策的考虑。在刑事政策层面，徐然老师在观察后认为，我们是在特殊宽宥行贿犯罪。我个人觉得这个观察是错误的，在《刑法修正案（九）》及司法解释中，我们发现，整体的行受贿犯罪确实趋缓，但是在这个前提下，我们对行贿罪实际上不太友好，比如我们现在受贿罪的法定刑是三年以下有期徒刑、三到十年有期徒刑，但是行贿罪有个五年挡在这里，我们在实践中有时候可以看到，会出现行贿人判得比受贿人还重的情况，因为有一个一百万元挡在这里，就降不到五年以下去了。另外，我们对于所谓的行贿犯罪的出罪以前是减免，现在变成从轻减轻，这在实践中的激励效果非常差劲，因为以前，如果可以获得一个免除的结果，大家就会纷纷投案，配合调查，现在则纷纷外逃。所以我自己个人觉得，我们不能够脱离受贿，单独来看行贿。总体来看行受贿犯罪，我恰恰觉得总体趋缓的背景是不能忽略的，主要有两个方面。

一个方面就是刑法的修改，包括我们2016年的司法解释出台以后，实际上整体的行贿受贿犯罪、职务犯罪是大幅度趋缓，所以才会出现张明楷老师所讲的所谓的在已经达到2000元的盗窃罪的门槛，但没达到3万元的贪污贿赂罪的门槛时，到底应不应该退而求其次，认定一半的财产犯罪，比如认定他成立盗窃罪的问题。因为财产犯罪和职务犯罪虽然同样具备侵财的属性，但是我们会讨论这两者之间到底是什么关系。客观而言，我们有实务工作人员在场，这个问题我跟很多人交流过，他们从来没有觉得这是一个问题，而且在实务里不会出现任何，比如28000元的贪污，没有定贪污罪，最后认定为盗窃罪而定罪量刑的结果，也就是在实体上不存在趋缓的态势。

另一个方面，两委成立以后，人员确实越来越多，案件数量越来越多，他们很忙，经常加班到凌晨两三点钟。但是问题在于，办的主要是什么案件？主要是"四种形态"里面的前三种案件。实际上，我们在基层检察院调研过，他们可能不好公开讲，但是还是告诉我们这个数据。如果以前我们一个检察院一年审查起诉的这种案件总共有 100 件，现在则大概在二三十件左右，这说明实际上我们已经充分地利用了我们的程序出罪的空间，把我们的职务犯罪进一步作轻缓化的处理。所以在这个背景下，我自己觉得职务犯罪办理的轻缓化的总体趋势是不可否认的，我们怎么评价它都没有关系，但是这是一个客观现实。基于这一点，我个人的粗浅的认识是，《刑法》第三百九十二条规定的介绍贿赂就是制度在释放最大的善意。在我们教义学允许的可能存在的空间内，我们就应该把它推到极致，这样才有可能稍微提高介绍贿赂罪的适用数量。

第三点，在这种所谓的释放的方式和结论下，我可能相对会比徐然老师更加的大胆一些，就他的一些观点，我想跟他商榷一下，主要有三个方面。

第一个方面，徐老师提出了介绍贿赂、行贿共犯、受贿共犯的线性递进关系。他认为居间人实施了实行行为，只能递进到行贿，不能跃升到受贿；但是同时他又说，不管受何方所托，都符合介绍贿赂，也就是哪怕受到受贿方的托付，也同样构成行贿的共犯，我觉得首先这从解释上是存在矛盾的，其次，我从中看到的不是线性关系，而是我们非常熟悉的所谓的三角结构。

第二个方面,跟线性关系相关,徐老师又提出,现在因为有线性关系,哪怕是所谓的实质预备犯,也具有可罚性;但是贿赂犯罪,比如行贿犯罪,不具有可罚性,仍然可以定介绍贿赂,这实际上跟您提出的线性的递进是矛盾的,我个人认为,没有行贿,介绍贿赂可能也就定不了。

第三个方面,徐老师实际上针对行贿受贿提出了不同的标准,他认为行贿是实行行为说,认为受贿是利益共同体。毫无疑问的是,相对于共同行为,这种利益共同体是更加宽泛的。为什么我们不能把利益共同体贯彻到底?这是因为,如果贯彻到底,比如徐老师指出了,将提供贿赂方案,提供交易工具都认定为所谓的介绍贿赂,都认定为所谓的行贿共犯,但是这种界定是不是过于宽泛?我自己觉得这都是存在一些疑问的。所以简而言之,我非常赞同、非常赞赏徐老师释放介绍贿赂罪制度空间的尝试,但是我觉得可以大胆一些,我们要认可所谓的介绍贿赂跟行贿、受贿的三角关系;我们要看到,可以把利益共同体这种标准贯彻到底,也即如果他的利益独立于行贿人也独立于受贿人,可以大胆地认定介绍贿赂。这是一点个人浅见,不当之处还请批评指正。谢谢大家。

主持人:叶小琴

下面一位评议人是融合系的专家,她是国际法和国内法的研究专家,她从武汉大学的国际法研究所毕业,但是从事了十年的高级人民法院的刑事审判工作。虽然我们今天没有讨论,但反腐败也是一个国际合作的事业。此外,我认为这位评议人也是理论专家和实务专家,虽然是新朋友,但昨天晚餐我恰好坐在她旁边的座位,所以我就了解了一下情况。她虽然没有交书面报告,但是最近两周一直带着电脑在准备。下面一位评议人是盈科律师事务所长沙分所的刑事合规部的主任,盈科刑辩学院的副院长肖兴利律师。大家欢迎。

评议人:肖兴利

非常感谢叶老师详细的介绍。实在不好意思,因为收到这篇文章之后,忙于案件和其他的一些事务,我这份报告确实是今天凌晨四点前才写好。

首先非常感谢主办方,感谢车浩老师和何荣功老师的安排,让我有机会在这里向大家汇报一下我的学习心得。我清楚地记得陈兴良老师在第二届论坛闭幕致辞的时候提出,我们青年刑法学者在理论研究中尤其要多关注司法实务,要注重解决司法实务中的难点问题。我注意到本届论坛非常好地回应了陈老师的期待,尤其是徐然老师的这篇文章,从司法实践中同案不同判的三个案例出发来展开论证和阐述。由于介绍贿赂罪的法定刑配置确实显著地低于行贿和受贿罪,在当前这种从严惩治腐败,保持反腐高压态势的大背景中,在司法实务中适用这个罪名的空间确实被极大地挤压了。

我以"介绍贿赂"作为关键词来检索所有的公开裁判文书,找到近五年有608份的刑事判决,其中辩护律师以居间行为人构成介绍贿赂罪提出辩护观点的有153起案件,但是辩护意见被法院最终采信,作出判决的只有5件,而认定为行贿共犯的有

79件，认定为受贿共犯的是42件，还有一些其他的案件认定为诈骗、利用影响力受贿，甚至是敲诈勒索。虽然这个检索数据不能够全面反映司法审判的实际情况，但是管中窥豹，可见一斑。司法实务对于适用介绍贿赂罪的排斥，一方面我理解是因为现行的立法和司法解释对于伴随贿赂犯罪出现的各种居间行为到底如何定性，没有确立可操作的标准，《刑法》第三百九十二条对于这个罪名的罪状描述是一种简单罪状，它没有办法很好地指引司法裁判者在具体个案中，对于现实生活中形形色色的居间行为去作出准确的、类型化的认定；同时，司法解释也没有对于介绍贿赂作出列举性或者是解释性的规定。另一方面，我们说司法裁判者对于居间行为人一直秉持着从严惩处的理念，尤其是当居间行为人参与贿赂款物的分配，甚至在其中占有较大的份额的时候，极易被认定为受贿共犯。我以前在河南省高级人民法院工作的时候，遇到下级法院来请示这样的案件，我们在讨论的时候基本上都是这么认定的。后来转岗从事律师辩护工作之后，在有的案件中，我们也提出了居间行为人应该构成介绍贿赂罪的辩护意见，很遗憾没有得到法院的采信。但是我一直认为，以居间行为人实际获得利益的大小来评价他的不法程度，并且去进行此罪与彼罪的区分，这种评价标准其实过于单一且武断，也不够科学和精准。

徐老师的文章为我们对居间行为人进行区别评价构建了三个阶梯，对于司法实务中准确界定居间行为人的不法类型，在个案中实现精准定罪量刑是非常有价值的，提供了有价值的参考路径。总体来说，这篇文章带着强烈的问题意识，立足于理论研究的难点和司法实务的痛点，对于介绍贿赂的实质内涵提出了非常具有创新性的观点，其中有些观点我也深表认同。

我在研读本文的过程中，由于理论水平有限，研究能力不足，也存在以下几点困惑，特意提出来跟徐老师请教。

第一点，我注意到徐老师这篇文章将介绍贿赂罪归类于抽象的危险犯，认为可能促成较为严重贿赂的风险这一个情节是判断介绍贿赂行为情节严重的入罪标准，并且提出要结合一定的结果，比如通过介绍个人或者单位分别行贿两万元、二十万元，或者是致使国家或社会利益遭受了重大损失来判断具体的风险，但是又认为这些结果作为客观的处罚条件，并不要求介绍贿赂人实际认识，这个观点会不会与介绍贿赂罪作为故意犯罪的内涵存在矛盾？因为犯罪故意的认识因素要求行为人对于行为产生某种特定的危害结果要存在一定的主观认知，尤其是犯罪故意认识到的结果与他所希望或者放任的结果必须是同一的，才谈得上对危害结果持希望或者放任的态度。如果行为人没有认识到特定的危害结果，他的行为是不是犯罪意志的体现？如果行为人对居间介绍行为的危害结果完全没有认识，或者危害结果远远超出了他的认识范围，又怎么能够将这个结果作为判断他的行为危险性的构成要件？举个例子，A明知B有请托事项，也有求于C，从而引荐双方认识，并且代为传递了请托信息，B跟A说我只是想请C吃一顿饭，而B实际上送给了C五万元，在这种情形下，A连主观的犯罪故意都没有，怎么能认定他构成介绍贿赂罪？

第二点，徐老师这篇文章提出将介绍贿赂定位为实质预备犯，认为可以弥补在行贿人不构成犯罪情形下对居间行为人无法处罚的漏洞。徐老师提到，漏洞的其中一种情形是居间行为人在为行受贿双方搭建好了通道之后，行贿人并未实施行贿行为，这种情况下可以单独对介绍贿赂的居间行为人进行处罚。可是问题是，在这种情形下，如果对居间行为人进行定罪，应该认定为犯罪既遂还是未遂？徐老师认为居间人只要为双方建立了必要的双向联系的通道，就完成了介绍贿赂的行为，应该成立犯罪既遂，然而这样的居间行为的社会危害性还有科处刑罚的必要性又体现在哪里？

第三点，徐老师这篇文章提出介绍贿赂罪的犯罪既遂标准是居间人为行受贿双方建立了必要的双向联系，我认为这个标准一方面过于模糊，另一方面也失之宽泛。"必要的"应该包含哪些要素或者条件？建立双向联系到底是一种实行行为，还是一种结果状态？而且徐老师提出基于亲情、友情，以显示能力、扩展人脉为目的的介绍行为均可以入罪，那么在日常生活中常见的居间人为有请托需求的人和职务行使者提供双方的电话号码、微信账号，或者组织饭局安排双方见面，都会被纳入刑法打击的范围，这可能有悖于常情常理。

第四点，我也注意到了徐老师这篇文章当中个别观点的表述可能有一些冲突，比如，一方面认为介绍贿赂行为并不需要产生贿赂犯罪的实害和具体危险，同时，另一方面又说行贿和作为预备行为的介绍贿赂在本质上属于共犯行为，只有通过受贿的实行行为，才能对贿赂犯罪的法益实现侵害。那么作为抽象危险犯的介绍贿赂罪，它所侵犯的法益到底是什么？我在徐老师的这篇文章中没有找到答案。居间行为人完成了介绍贿赂行为之后，行贿方没有实施行贿行为,既没有产生法益侵害的危险,更没有产生法益侵害的结果,它的社会危害性到底体现在哪里?我觉得可能这个问题还需要徐老师进一步进行论证和阐述。

以上这几点是个人的浅见,有不当之处,还请各位专家批评指正,谢谢大家。

主持人:叶小琴

会议的安排圆满完成,这个阶段的评议到此结束。

主题报告四

主持人：王　钢（清华大学法学院副教授、《清华法学》编辑）
　　　　陈家林（武汉大学法学院教授）
　　　　姜　涛（华东政法大学刑事法学院教授）
　　　　程　皓（湖北省高级人民法院刑事审判第二庭庭长）
　　　　杨玉洁（北京大学出版社编辑）
报告人：于同志（最高人民法院刑事审判第二庭法官）
评议人：竹莹莹（最高人民检察院第三检察厅检察官）
　　　　王世凯（湖北省人民检察院职务犯罪检察部主任）
　　　　李世阳（浙江大学光华法学院副教授）
　　　　吴雨豪（北京大学国际法学院助理教授）

一、报告

主持人：王　钢

接下来的主题报告是最后一场主题报告，在我看来是非常特殊的一场主题报告，论坛前三次主题报告的报告人都是来自学界的朋友，这一次的主题报告是本届论坛唯一一位由实务界同志作的主题报告。下面我简要地为大家介绍一下报告人于同志法官的基本情况：于同志法官是最高人民法院刑二庭的审判长，是二级高级法官，法学博士、博士后，在二十多年的司法生涯里，他参与多个重大疑难刑事案件的办理和多份司法文件的起草，出版《刑事实务十堂课：刑事审判思路与方法》等著作十余部，在《法学研究》等刊物发表文章一百余篇，获法院系统内外的全国性学术奖励十余次，他还于 2020 年获第九届"全国杰出青年法学家"提名奖，从简介中可以看出于同志法官是非常优秀的实务工作人才。于同志法官现在仍然坚持在审判的第一线，很遗憾今天不能来到会场，他将通过网络连线的方式进行主题报告。下面以热烈的掌声欢迎于同志法官做主题报告。大家欢迎！

报告人：于同志

权股交易型贿赂犯罪认定新思路

好，谢谢王教授。各位老师、同仁，大家上午好。首先表示特别的抱歉，因为被抽调参加一个专项工作，现在人在云南，实在难以赶赴会议现场，只能通过视频的方式与大家交流。

今天我报告的题目是《权股交易型贿赂犯罪认定新思路》。这也是我和安徽省马鞍山市人民检察院胡锋云主任合著的一篇论文，发表在《中国法律评论》上。车浩教授希望我就此发言，说实话我也很忐忑，不仅因为我不是学者，而且因为我早就不是青年了。我一直在司法实务部门工作，理论研究得比较少，参与这样高端的研讨会可以说是少之又少，特别怕说不好，耽误大家时间。幸好胡锋云主任今天也在现场，如果有不妥的地方再请她帮助更正。我将从四个方面来汇报，一是罪与非罪的认定，二是犯罪数额的确定，三是财物取得的判断，四是原始股交易型贿赂犯罪的证明。

大家知道现在的腐败犯罪已经从过去简单粗暴地直接收钱，变得越来越隐蔽，手段也更加多样化、复杂化。习近平总书记在十九届中央纪委五次全会上，对当前的反腐败形势有一个重要论断，认为传统腐败与新型腐败交织、贪腐行为更加隐蔽复杂。在十九届中央纪委六次全会上，他再次强调腐败手段隐形变异、翻新升级的问题。在党的二十大报告中则明确提出了要惩治新型腐败和隐形腐败。新型腐败和隐性腐败有很多表现，其中之一就是贿赂犯罪形态发生了很大变化。

考虑到贿赂犯罪的形态变迁，我们分出了三个阶段和三种形态。第一个阶段和第一种形态是收受货币、贵金属、房产、艺术品等实物，这是最传统的形式；第二个阶段和第二种形态是收受以"去物化"为特征的财产性利益，也就是2016年"两高"《贪污贿赂刑事案件解释》列出的，比如债务免除、提供会员服务、旅游等财产性利益。现在出现了第三个阶段和第三种形态，就是收受经过市场交易衍生出来的可期待性利益。第三种形态的贿赂犯罪在当前尤为常见、多发，大量存在于交易型的贿赂犯罪中。

我这里举了三个例子，第一个案例是童某受贿的案件。被告人童某利用担任证券机构负责人的职务便利，为请托人沈某实际控制的公司上市提供帮助；在公司获批上市前，让其特定关系人出资1000万元，持有了沈某提供的公司4%的原始股。公司上市不久，童某就指定其特定关系人将股份以1亿元的价格转让给沈某联系的受让人，获利8000万元。第二个案例是李某受贿案件。李某是某县的县领导，他利用职权为辖区内的房地产开发商赵某提供帮助,从赵某处借款2000万元,约定按照银行同期利率计算利息。他就以这笔钱全款购买了赵某开发的位于该县黄金地段的房屋,两年后李某用转卖房屋所得价款归还了赵某的本金以及利息,获得了400万元。第三个案例是雷某受贿案件。被告人雷某在担任某镇镇委书记期间,利用职务上便利为多个管理服务对象提供帮助,并在从管理对象处索要和承揽大量工程后,将工程转包给他人施工,收受施工方给予的财物共计174万元。

这三个受贿案例中的财物,与传统的贿赂形式相比已经发生了变化。第一,虽然均具有财物的基本属性,但在形式上已脱离了"实物"而呈现为具有一定抽象性的"利益"。第二,"财物"收受时价值存在一定的不确定性。第三,"财物"的价值并非全部直接、单纯地来源于行贿人,而是经过了一定的市场化运作或交易过程。第四,"财物"表现为期待利益,收受"财物"与实际获取利益、价值之间是不同步、不对等的。第五,虽然客观上都存在权钱交易性质,但较之前两种贿赂形态而言,因为介入了市场化因素,权钱交易的链条拉长,"财物"与权力的关联性不够紧密;且行贿受贿双方之间常常有第三方介入,权钱交易的直接性、对应性相对较为淡化。由此也带来很多问题,比如实践中容易出现罪与非罪的问题,受贿数额如何确定的问题,以及行贿人是谁的问题等等。所以我讲的第一个问题就是如何具体判定罪与非罪。这里我们提供了一些基本的思路,概括为三点。

第一点是要运用穿透性的思维,善于通过纷繁复杂的表象来看被告人的行为实质。贿赂犯罪本质上就是利用公权谋取私利的行为,是否存在权钱交易关系是判断行为性质的关键,只要行为符合这个本质特征,就可能构成受贿罪。深度分析这些新型的受贿案例,行为人都存在以公权谋取私利的问题,都存在权钱交易关系,所以都具备认定受贿罪的基础。我这里也可以再补充一个案例,昨天我接到一位省高院的领导的电话,他给我说了一个案例。这个案子的案情不复杂,被告人是某市的原副市长、公安局局长,他这些年帮助一家房产公司干了很多事情,在这种情况下主动提出来我要借钱给公司发展业务,并拿出一笔2800万元的钱借给公司用,双方约定借期3年,利息是3200万元。这个利息很多,但是并未超过银行同期贷款利率的4倍。大家都知道这几年的房地产行业形势不好,现在3年快到期了,这家公司濒临破产,不仅给予不了利息,甚至连归还本金都成问题。在这种情况下,被告人通过协调市里有关方面,给这家公司返还了土地出让金6000万元。收到钱后,这家公司立即将这6000万元钱打给了被告人,其中2800万元是本金,3200万元作为利息。这个案子在调查、审查起诉、审判环节争议很大,不仅数额认定有争议,而且是不是认定为犯罪都有分歧。当时我跟庭长说,你要判断存不存在权钱交易关系,如果有,就要认定,至于数额多少可以再研究,当然这个案子还可能同时存在滥用职权的问题。

第二点是要完整妥帖地理解与把握有关司法文件的规定。2003的《纪要》规定,行为人支付股本金而购买较有可能升值的股票,由于不是无偿收受请托人财物,不以受贿罪论处。由于这个规定,在童某受贿案件中,有一种观点认为不应该认定童某犯受贿罪,因为他有真实出资,我们认为这种理解显然不符合《纪要》规定的精髓。《纪要》的规定主要针对的是正常的市场交易情形，如果存在权钱交易关系，显然不能够参照适用，作无罪认定。

第三点是要准确判断渗透其中的民事关系。这些年，新型的贿赂犯罪多以市场交易行为为掩饰，大多存在口头或书面的民事合同，比如买卖协议、投资合作协议、借款协议、股权转让协议等等，这些形式上的民事协议在案件中通常不能对抗刑事犯罪的认定。民事协议的前提是协议双方应是平等的民事主体，这是民事法律实施的前提和基础，但是一旦双方之间渗入了权力因素，双方就不再是平等民事主体关系，在这种情况下，就不宜完全根据民事法律关系来评价此类民事协议，否则就背离了案件的实质。事实上，隐形腐败与新型腐败之所以高发就是因为当事人以民事协议做幌子来掩饰权钱交易的本质，规避法律的惩处。如果不善于突破现象看本质，就可能被蒙蔽，从而放纵了一些犯罪手段隐形变异、翻新升级的腐败犯罪。对此应该有清醒的认识。

接下来是犯罪数额的确定。大家知道，有两个文件涉及权股交易型贿赂犯罪的数额认定，一个是2003年最高人民法院印发的《纪要》，另一个是2007年最高人民法院、最高人民检察院针对新型受贿犯罪制定的《关于办理受贿刑事案件适用法律若干问题的意见》（以下简称《办理受贿案件意见》）。这两个文件内容有效地解决了涉股权、股票类受贿刑事案件认定上的突出问题。但是现在的世界变化很快，这些规定在实践中也逐渐地面临很多挑战。我们把它们列为以下几点：

第一，如果股票已上市且大幅升值，仅将"购买"股票时的实际价格与股本金的差价部分认定为受贿，会导致升值的巨额获利部分不能认定为犯罪数额，明显影响了法律的严肃性和办案效果。特别是一些轻资产的科技公司，其在初级市场中的股权或股票价值往往较低，一旦上市则可能出现市值的暴增，如果仅以购买时股票的价格与股本金的差价认定受贿数额，从目前来看，极不合理。例如，某市金融办原副主任受贿案中，被告人通过非法购买拟上市公司的原始股获利高达2700多万元，但依据《纪要》规定，判决认定其受贿数额仅为700余万元，其余2000多万元均作为孳息处理。这显然并不合理。

第二，根据干股是否实际转让，将分红区分评价为孳息或受贿数额，虽然具有某种合理性，但也容易陷入以下困境：若分红大于干股价格，则可能出现对单纯收受分红的处罚重于对实际收受干股与分红的处罚。举个例子，被告人收受5%干股（价值10万元）并过户，后又分得红利30万元。依据2007年《办理受贿案件意见》，如果实际转让股份，受贿数额为10万元，孳息30万元，应在有期徒刑3年以下量刑；如果没有实际转让股份，受贿数额则为30万元，应在有期徒刑3—10年内量刑，明显存在罪责刑不相适应的问题。

第三，对原始股交易型贿赂犯罪而言，行受贿双方均明确地将犯罪的意图、行为及对象锁定在股票上市的巨额升值部分，如果对于犯罪数额仍按照收受股票时的实际价格计算，不仅与行为人的主客观实际不符，也会造成重罪轻判、放纵犯罪。

所以我们提出了司法认定的基本思路，我把它概括为两句话，一句话是受贿数额一般按照收受财物时的财物价值认定，如果以股票股权等财物的预期收益为贿赂的,受贿数额按照实际获益数额认定。如此认定需要解决和阐释一项理论问题,即如何理解受贿的实行行为。受贿罪是利用职权为他人谋取利益,收受他人财物,只要取得了他人财物一般就可以认定行为人完成了受贿的实行行为,这时财物的价值就是受贿的数额。在涉股权股票类受贿案件中,在获得了股票股权后按理来说应当是完成了受贿罪的实行行为,但是却将最后实现的利益价值认定为受贿数额,这是否会产生矛盾?要说清楚这一问题,需要进一步阐释受贿罪实行行为的着手与既遂。这一问题在传统型的贿赂犯罪中不存在认定困难,但是在以预期收益为贿赂对象的新型贿赂犯罪中需要着重思考和考虑。

接下来我报告一下对财物取得的判断问题。对于受贿罪,财物取得是最核心的实行行为,所以受贿罪的实行行为要着重从财物取得中去理解。现在的财物越来越脱离实体,而且它的范围也越来越广泛,只要所设利益符合财产的本质属性,具备效用性、稀缺性和可控性,都可以成为贿赂。至于利益的具体形式及其本质所蕴含的价值大小,一般不影响犯罪性质,所以它的范围很广。

为了尝试解决这个问题,我们从财物所体现的利益是不是确定出发,以行贿、受贿双方合意达成并交付时间为节点,将财物区分为确定利益和期待利益。考虑到在"计赃论罪"的当下,犯罪数额的多寡,甚至认定的难易对犯罪成立有重大影响,但与利益本身的确定性判断是两个不同的问题,所以可以进一步将期待利益细分为价值实现多寡具有不确定性的确定利益以及价值实现本身具有不确定性的利益。前者相对常见，可以简称为狭义的期待利益，后者多以附条件实现的方式存在，可以称之为附条件实现的期待利益。

首先，作为确定利益的财物取得的判断。确定利益是指行受贿双方达成合意时，不仅利益存在是确定的，利益的经济价值也是确定的，或者存在较为公允的计算方式。一般来说受贿人在索取和收受具有确定性价值的财物时，物的存在形式转移，财物所涉及的利益、所蕴含的价值也随之开始发生转移。所以对财物取得的判断，其实只需要进行主客观相一致的事实判断和规范评价就可以了。并且通常情况下，索取和收受的行为完成，财物已经取得，无须介入其他的事实行为。对此类受贿行为的着手、既遂与数额认定，可以进行一体化判断，很少有异议。

其次，比较麻烦的是作为期待利益的财物取得的判断，我们认为可以借鉴德国刑法"狭义的物的价值理论"学说。先区分对利益的控制是不是需要介入行为人的行为以判断犯罪的着手，然后再区分资格利益的控制和经济利益的实际享有，来判断受贿的既遂。

我们来看一下狭义的期待利益的财物取得的判断。狭义的期待利益主要指行受贿双方达成合意并交付时，利益的存在虽然是确定的，但是利益实现数额的多少是不确定的，对这种情况基本上可适用广义的价值理论，也就是国家工作人员利用职权谋利，只要从整体上获得不应当获得的利益，即应予以充分评价。换句话说，实施收受行为时即为犯罪着手，实际获利时为犯罪既遂节点，受贿数额就是国家工作人员利用职权实际获取的利益的价值。

最后，作为附条件实现的期待利益的财物取得的判断。附条件实现的期待利益认定的难点在于，利益实现本身具有不确定性。作为犯罪所指向的对象，在较大程度上受制于合意的相对方，虽然具有实现的高度盖然性，但不确定性也是存在的，这种不确定首先来源于行贿人的后续行为。换句话说，预期的利益能否实现，需要看行贿人后续是不是配合，如果不配合，就很难实现。所以在这种情况下，我们可以考虑把这一受贿行为作为犯罪预备去看待。如果这样理解和把握行、受贿的实行行为，我们认为可以从理论上解决权股交易型贿赂犯罪中受贿认定的理论依据问题。

我们以原始股交易型的受贿犯罪认定为例，原始股一方面本身具有客观性，因此具有确定性的物质利益，另一方面它也是股东依照按股分利原则可以获得股息、分红以及上市增值利益的资格凭证，也属于具有非物质性的资格利益。股息、分红及其上市增值利益对于每一股东来说都具有可期待性，但是能否实现、何时实现以及实现数额的多少都依赖于行贿人的经营行为以及具有随机性的市场状况，同时具备附条件实现的期待利益和狭义的期待利益的特征，所以原始股本身应属于确定利益、狭义的期待利益以及附条件实现的期待利益的复合体。原始股交易型受贿的行为对象，既包括原始股作为股份本身所应具有的价值，也包括可期待的分红利益和上市后所能获得的增值利益。前者在交易时是确定存在的，应评价为确定利益，后者是狭义的或附条件实现的期待利益，需要介入行贿人的后续经营行为和第三方的审批行为，才能判断利益存在与否。所以在双方交易作为确定利益和期待利益复合体的原始股时，如果行为人未出资购买，由于作为确定利益的股份交易价格存在，无须介入行贿人的行为即可评价，所以收受股份即可成立"着手"。但在出资购买原始股的场合，双方所针对的主要是实现与否不确定的期待利益，该利益的实现需要介入行贿人的行为。对于行贿犯罪保护的法益而言，尚未达到紧迫且具体的危险，故可将这种情况评价为犯罪准备阶段。一旦原始股上市，受贿人获得上市公司股东身份，因实现了对资格利益的控制，且不需要行贿人的协助，此时对受贿犯罪保护法益显然具有了紧迫且具体的危险，我们可以考虑把它认定为受贿的着手。其后当资格利益财产化为行为人可以实际享有的经济利益时，则受贿行为完成。

当然，在现阶段虽然尚未出现但并不排除可能出现这样的情形，即涉案公司上市概率很大，原始股未上市前在一级市场受到热捧，价格飞涨，受贿人就将利用职权购买的原始股高价抛售。这种情况下仍然被视为期待利益交换价值实现，类似于转售商业机会型的受贿。在理论上，我们觉得这样也可以解释。

此外，实践中也可能出现原始股上市"破发"的极端情况，由于此种情形下行为人未能实际获利，依法不应构成受贿罪，如果其利用职权便利为他人谋取利益的行为触犯其他罪名，则可以其他罪名来认定，该情形并不影响上述解释观点的成立。所以，我们认为以实际获利时作为受贿犯罪既遂节点的观点，不仅具有现实可操作性，还能充分评价行为人非法购买原始股所蕴含的全部期待利益，有利于贯彻罪责刑相适应原则，实现对受贿犯罪的依法从严惩治。换句话说，原始股交易型受贿数额的计算标准就是国家工作人员利用职权实际获取的利益价值，扣除成本后实际获利多少，犯罪数额就是多少。

这里需要重点关注的是犯罪未遂下的数额认定问题。一般而言，对于未能成功上市的原始股，期待利益无法达成，如果行为人未出资购买，鉴于受贿行为已经着手，犯罪数额可以收受时的股权股票价值认定；如果行为人出资购买，因未能成功上市，犯罪处于预备阶段，通常可考虑作为违纪处理。实践中更为常见的未遂情形是，虽然涉案公司成功上市，但受贿人案发时因股票在禁售期等客观原因未能套现获利。对这种情况如何认定犯罪数额，在司法实践中长期存在困惑和不同认识。我们的基本想法是受贿人案发时因股票在禁售期等客观原因未能套现获利的，犯罪数额可遵循有利于被告人的原则来确定。

举个真实的案例。2013—2014年，被告人赵某利用职务便利，接受一国有企业负责人郝某请托为其职务提拔调整提供帮助。2011年前，赵某曾经通过女婿刘某收受并代持郝某所送登记价值为180万元的某公司原始股份。2015年4月，该公司上市，刘某欲变现但因股票尚处于三年的禁售期内而未果。2019年1月赵某被查获。经过价格评估，涉案企业股票上市时的价值为1000多万元，股票解禁后最高市值达到2亿余元，案发时的价值为7200多万元。在案件办理中，有关各方对如何认定受贿数额分歧较大，经综合考虑，法院从有利于被告人的角度，将股票解禁时至案发时的最低市值6000多万元认定为受贿数额。

从实际看,受贿数额计算有按照股票上市时价格认定、解禁时价格认定、解禁后最低价格认定、平均价格认定和案发时价格认定等多种方式。这些方式均有一定道理,同时也各自存在不足。在一些案例中,法院裁判是以上市发行价为标准来认定犯罪数额,此观点仅注意到期待利益成就所附条件的满足。如同公司具备分红能力但给受贿人多少分红仍需考虑具体情况,在公司上市后因存在原始股禁售期,此时并不具有资格利益财产化的现实可能性,以此为基准认定数额存在不足。此外,有的案件裁判是以禁售期满日的价格计算,此方式虽然具备实现可能性,但考虑到股票价值随行就市的特点以及股权所具有的按股分红的自然属性,此方式也可能存在对受贿犯罪不法实质评价不充分的问题等。考虑到原始股交易的复杂性以及案件办理的实际效果,我们倾向于认为,对案发前尚未变现获利的原始股,可以区分是否经过股票的禁售期,对已经超过禁售期的原始股,可以考虑以案发时股票交易均价扣除出资成本计算受贿数额;对案发时未过禁售期的原始股,因其不具有兑付可能性,数额计算基本可遵循有利于被告人的原则来确定。

这是我们对原始股交易型受贿罪所作的初步分析。总体而言,对于权股交易型贿赂犯罪,不论受贿对象是原始股、其他股票还是干股,不论出资足额与否,行贿、受贿双方的意图均是"醉翁之意不在酒"。股份股票之所以成为贿赂新常态,正是基于股份制公司按股分红的基本分配原则,双方所勾兑的并不限于股份股票当下的交易价值,更包括分红、增值等期待利益。所以,将股份股票交易价值和期待利益均纳入行为对象,以实际获利认定犯罪数额,不特别区分受贿数额与孳息,在目前情况下都是必要且可行的。这不仅可以充分体现权股交易型贿赂犯罪的不法实质,有效避开罪责刑不相适应的困境,而且能够有力彰显惩治腐败法网之严密。

权股交易型贿赂犯罪的具体形式在实践中是很复杂的,我们仅提供了原则性的解决思路,不妥之处也欢迎大家批评指正。最后还是感谢车浩教授、荣功教授和武汉大学法学院的邀请,也感谢大家对实务问题的关注。谢谢各位。

主持人:王 钢

非常感谢于同志法官带来的精彩报告。于同志法官从权股交易型贿赂犯罪司法认定的疑难问题出发,从理论上探讨了贿赂与财物的关系。在此基础之上,于同志法官区分了价值实现多寡具有不确定性的利益,也就是狭义的期待利益,和价值实现本身具有不确定性的利益,也就是附条件实现的期待利益,并分别在涉及两种不同利益的场合下,对于受贿犯罪的着手和数额提出了认定的方案。最后于法官也将这种认定方案再适用于对权股交易型贿赂犯罪的处理,对司法实务中的传统做法进行了深入反思,提出了一系列具有创新性的建议。

在我看来,于法官的报告和论文是从具体的问题切入,通过构建抽象的理论原则,再将理论原则适用于具体实际问题的解决,体现了非常清晰的研究路径和论证思路,同时也提出了很多令人耳目一新的见解。我想大家一定也非常感兴趣,今天的评议人和在场的听众们会如何来评价于法官提出的新见解。

下面进入今天的评议环节,有请评议环节的主持人,武汉大学法学院的陈家林教授、华东政法大学刑事法学院的姜涛教授以及评论人竹莹莹检察官、王世凯主任、李世阳副教授,吴雨豪助理教授。

二、评议

主持人:陈家林

各位专家、各位同学,刚才于法官做了非常精彩的报告,接下来按照会议的安排,进入报告评议的环节。我看了一下,我们可能稍微有一点超时,所以接下来请各位评议人按照会议议程安排的时间来进行发言。接下来有四位评议人,这四位中,既有两位实务经验和理论功底都非常扎实的资深检察官,也有两位学界的青年才俊。我刚才跟姜涛教授商量,由我来主持前两位实务检察官的评议,由姜涛教授来主持两位青年学者的评议。下面进入正题,首先我们有请最高人民检察院第三检察厅的竹莹莹检察官给大家做评议,大家热烈欢迎。

评议人:竹莹莹

可能是我长期在实务部门工作的缘故,所以对刚才于法官讲的一些问题,包括司法困境、法律的瓶颈、个案的突破、路径的选择等感同身受。随着近年来经济社会不断发展,腐败犯罪手段也不断地呈现新的特点,这对实务中凭借什么法律、把握什么原则,以及依托什么理论处理这些问题,提出了实实在在的挑战。刚才于法官也举了很多现实中的例子,我们每天在工作中确实是应对这些情况,简单地在这里列举一下。比如行贿人跟受贿人达成合意,行贿人送给受贿人购买原始股的资格,受贿人也确实出资购买了原始股,在现实中这种简单的情形会演变成很多的情形,至少可以说出四种。第一种情况,受贿人真实出资购买了原始股以后,公司还没有上市,案发了,怎么认定?第二种情况,公司上市了,但是股份在限售期或者禁售期以内,这时案发了怎么处理?第三种情况,公司上市了,禁售期解除了,但是受贿人说我再观望一段时间,没有抛售。第四种情况,公司上市了,禁售期解除了,受贿人抛售了,也获得了巨大的利益,这时怎么处理?这涉及罪跟非罪的认定、数额的认定还有既未遂的认定,是很复杂的。这也是于法官在论文中着重谈论的问题。

行贿、受贿中保管类型的新问题现在也是层出不穷。举个例子,行贿人跟受贿人约定,行贿人送100万元给受贿人,受贿人说钱放在我这里不安全,因为组织要查处,所以先由你保管,要用的时候我再来取。这就产生了代为保管型的新型受贿。这是一种简单的情况,现实中又有很多新的不同情形,我可以简单地说三种。第一种,100万元放在行贿人这里,到案发为止,受贿人一分钱也没有花,怎么办?第二种,100万元放在行贿人这里,受贿人有一次要出国了,取了2万美金出来,剩下的钱他没有取,还在行贿人那里,案发了怎么处理?第三种,行贿人把100万元特定化,放在一张银行卡里,说这张卡里就是我为你存好的100万元,受贿人没有花这些钱,过了一段时间,行贿人认为钱放到银行卡里是没有意义的,所以他用这张卡里的钱还贷款、消费等,花掉了一部分。但是他认为钱是种类物,受贿人要用的时候,他随时可以把100万元补齐,再把这张卡送到他手里。这种情况下,卡里的数额是发生波动的,但是案发的时候恰恰没有满100万元,怎么处理?

我讲的这些例子是工作中遇到的真实例子。我在这里说这些琐碎的情况,只是想给我们青年刑法学者提供一个实务的角度,因为在工作的梳理中确实遇到这种挑战,不好认定。结合我自己的工作,还有于法官刚刚提到的种种情况,我想谈一点我自己的思考。2003年的《纪要》、2007年两高的《办理受贿案件意见》,还有2016年的《贪污贿赂刑事案件解释》,目前来说都已经有些不能适应案件办理的实务需要。据我了解即将出台的关于办理贪污贿赂案件的解释二,也不能完全覆盖我们的司法需求,所以特别需要理论上的研究和立法上的突破。因为不停地在个案中突破其实并不是解决问题最好的办法。

对于这篇论文,我有三点小的思考。

第一个思考是关于收受原始股的认定问题。收受原始股之所以可以被认定为受贿犯罪,前提是因为它具有稀缺性,受贿人利用了职权获取原始股,这可能是基础。认定这个基础不难,难就难在数额怎么认定。收受后,原始股的价值是不停地波动的,它不像收受一辆车或者一套房子,是固定不变的。我比较赞同这种思路:国家工作人员按照市场正常价格实际出资购买拟上市公司的股份,公司在案发的时候已经上市,受贿数额按照股份上市以后溢价收益计算。具体可以分为三种情况，第一种情况，股份已经被行为人出售的，受贿数额按实际获利来计算。第二种情况，尚在禁售期里的，受贿数额按照截至案发时的最低值与行为人实际支付价格的差额计算。第三种情况，解禁期已经过了，但行为人没有出售的，受贿数额以解禁后可以交易的首日的收盘价与实际支付价格的差额计算，这里跟于法官刚才提到的略有不同。

　　第二个思考是关于通过获取商业机会收受贿赂的问题。因为在市场经济社会里，商业机会也具有稀缺性。依据我们普通人的理解，这种稀缺性可能没有办法跟原始股的稀缺性相比，但是在实务案子中，这种稀缺性有的时候与原始股的稀缺性相比有过之而无不及。认定这种类型的贿赂犯罪的难点也是在于数额怎么算。之所以难，是因为获取商业机会以后，他往往有后续的经营，而这种经营里有市场因素，也可能有正当劳务因素。你要把它剥离开来，认定哪一些因素是正常的，哪一些因素是贿赂犯罪所导致的，这是一件很难的事情，甚至在一些案子里是不太可能做到的。刚才于法官有讲到，也是我比较赞同的一种思路，就是国家工作人员利用职权为请托人承揽工程提供帮助，请托人将部分工程分包或者转包给该国家工作人员或者其特定关系人，国家工作人员或者其特定关系人通过这种行为所获取的实际利益，可以直接认定为受贿数额。这是相对来说比较简单的第一种情况，分包或转包后直接获利。第二种情况是国家工作人员或者其特定关系人获取商业机会后，无须实际经营管理，马上可以赚取差价，这种差价或者实际利益可以认定为受贿数额。第三种情况是请托人获取商业机会后，承诺代为承担商业机会亏损风险的，实际经营亏损的数额可以认定为受贿数额。

第三个思考是关于几种新型贿赂犯罪的形态问题，这也不容易判断。我拜读了于法官的文章以后，有两点至今没有太想明白，也许还需要继续学习。

第一点是按照于法官刚才说的，根据德国刑法关于盗窃罪非法占有对象的"狭义的物的价值理论"的学说，来判断是不是着手或者有没有进入着手阶段的问题。我在想，如果按照这种思路，假如行贿、受贿双方已经达成了收受期待利益的载体，比如原始股的合意，并且约定由行贿人或者行贿人指定的人暂为代持的情况，可否认定为着手。第二点是附条件实现的期待利益的财物取得，类似于借条式行贿受贿的情形，因为利益实现与否具有不确定性，所以在实际获取利益之前，一般难以认定为既遂。但是，究竟认定为预备还是未遂，实践中有不同看法。我个人觉得，此类情形全部"只能评价为犯罪预备"，当然还有商榷的空间。

以上是我的评议。因为从实务的角度来说，我们不断地面对法律规定或者司法解释不能满足案件办理需要的困境，需要立法上推进，还有理论界的支持，希望我们实务界和理论界相向而行，形成合力，谢谢。

主持人：陈家林

感谢竹检察官非常精准的时间控制，给我们节约了将近两分钟的时间，不愧是来自一线的经验丰富的检察官。她为我们列举了贿赂犯罪新的表现形式以及新产生的问题，围绕收受原始股的认定、商业机会型受贿的定性以及其他新型贿赂犯罪形态的认定问题，做了非常有启发性的点评。她的观点既有与于法官相同的地方，又有不同的地方，值得我们深思。

接下来的第二位评议人是湖北省人民检察院职务犯罪检察部的王世凯主任。王主任也是非常资深的检察官，他围绕这个主题做了很认真的准备，写了七页纸的评议草稿。他写好的草稿没有列在文件里，我刚才趁担任主持人的机会先看了一下，他列举的几个案例都非常有意思，相信对大家有很好的启迪。让我们以热烈的掌声欢迎王主任发言。

评议人：王世凯

非常感谢何院长的邀请，我可能是会议现场唯一的理科生，我大学是学机械物理的，所以当时何院长邀请我的时候，我实在是诚惶诚恐。为什么又欣然接受？因为我现在的岗位就是从事职务犯罪检察。大家知道贿赂犯罪检察是职务犯罪检察中最复杂、最核心的一项，这次会议是实务界向理论界学习的一个非常好的机会。学习之后真的感受到一句话，理论是很浪漫且丰富多彩，可实务很现实，涉及定不定罪、认定多少数额、量刑建议多少等。这届论坛带给我的收获很大。我认真地拜读了于老师的论文，不敢说是评论，就借此机会，结合四个具体的案例，回答几个问题，不当之处敬请各位专家批评。

我简要地说一下四个案例。第一个案例涉及股权。被告人出资 1000 万元购买基金,且曾经为该公司谋利,从中获利 600 万元,案发时还没有结算。这里涉及两个问题,一是投资性机会能否认定为利益,二是数额认定问题。第二个案例的被告人是一位领导,大家知道 2006 年的时候房地产很紧俏,核心地段的房产指标非常难得到手,他利用他的职权索要了 23 个人的购房指标,卖了 17 个,获利 300 万元,还自行处理了 6 个指标。这里也有两个问题,一是这种机会、这种指标能否认定为财产性利益,二是数额大小的认定问题。第三个案例,涉及于老师说的股份的问题,但是对干股受贿没有争议,而是涉及数额问题。这个案例涉及四个核心要素:被告人收了 15%的股份;登记的时候价值 1600 万元左右;经过评估鉴定,案发时,15%的干股价值 1.2 亿元;第四点是他没有出资,没有上市,没有分红,也没有变现。第四个案例是受贿人收受了价值 150 万元的干股,公司上市后,溢价 1850 多万元,分红 44.65 万元。

结合这四个案例,我想谈谈关于财产性利益能否认定的问题,刚才我们其实已经解决了。我非常认同于老师说的一些观点,包括他说的民事主体的问题,我是从另外一个角度去认定,即机会的给予中要有违反规定、违约、违反政策的因素才可以认定。但这也需要具体案例具体分析,不能宽泛地一律认定。我更多地倾向认为,比如不能给个人或者只能给内部职工的干股、基金或者定向增发,外部职工哪怕通过民事约定获得,只要违反相关的规定,也都是可以的。但是如果别人看某人的面子,让某人的亲属参与,此时如何认定是值得探讨的问题。

关于购房指标的问题，我把这个案件裁剪得很简单，其实真实的案例比我所讲的更加丰富多彩，争议更大。购房指标显然是可以认定的，主要是数额的问题。获利的 300 万元的认定没有争议，有人认为 6 个自行处理的指标可以进行鉴定或者取当时的平均值等，但最后法院从有利于犯罪嫌疑人、被告人的角度来考虑，只认定了 300 万元。

对第三个案例，其实我非常赞同于老师的观点。当时有三种观点，第一种观点是，当时一审意见认为，案例三可以认定为 1650 万元，也就是按当时登记的价格来计算，不宜按照案发的数额来计算。根据这种观点，案例四的数额是登记时的 150 万元。第二种观点是应该以实际获利扣除成本来认定，也就是案例三认定的 1.2 亿元，案例四认定为 1895.3 万元。第三种观点是应以公司是准备上市或者不准备上市来进行区分，收受准备上市的公司股票，就具有期待性利益。

总体而言，我非常认同于老师的观点。在场正好有很多理论界的大咖，也有很多青年学者，我从事职务犯罪检察工作时间很长，讲一讲亲身感受的一些困惑。第一个是既遂与未遂问题，争议非常多，这在这些案例中都没有展开。第二个是自首问题，虽然法律规定的标准很低，但是实践中，调查之前、调查第一天、调查一周，都有可能出现问题。第三个是主体身份的问题。上周五何院长也来参加并指导了关于主体身份的案例讨论。大家可能会觉得主体身份的争议并不多，但其实在具体案件中这个问题的争议非常大。第四个是索贿问题，争议也很大。多数是自己主动索要的，但是行贿对象也是愿意的，并且谋取了很大的利益。第五个是承诺问题，有些承诺是宽泛的，比如别人找我，我说没问题。但是后续我并没有再过问这件事，没有了下文，算不算承诺？第六个是影响力问题，比如有商人请我办事，说他现在缺资金，我给他协调另外的商人，把1亿元、2亿元的资金办到位。我对这个商人有没有影响力？有的人认为有。但如果按照这种理论，教育局长对辖区的每个公民都有影响力。因为每个公民的小孩要上学，甚至每个公民的孙子都要上学。总之，实践中存在很多丰富多彩且富有争议的问题，感谢大家。

主持人：陈家林

谢谢王主任的点评。贿赂犯罪是一个具体实务问题，实务部门的同志会直面这种问题，刚才两位检察官都已经非常明确地阐释了他们的观点。接下来理论界如何去看待这些问题？贿赂犯罪的实行行为与实行着手能不能分离？既遂的时间点、数额标准该如何确定？我相信大家也都非常期待，接下来我把主持的权力移交给姜涛老师。

主持人：姜　涛

各位同仁，各位来宾上午好。首先非常感谢车浩教授的邀请，感谢武汉大学刑法团队，也特别感谢于法官的精彩报告。研讨会进行到目前，可以说是把贿赂犯罪实务当中的疑难问题、关键问题推向了新的高潮。于法官对权股交易型犯罪的认定，既有问题意识，又有理论深度，更提出了解决目前司法疑难问题的方案。这个方案是否合理？我们特别期待听一听来自理论界的两位青年才俊的评议。

本单元的后两位评议人都毕业于北京大学，是80后、90后杰出的代表，并且在《中国法学》《法学研究》等期刊上发表了很多有影响力的论文。下面我们把时间交给两位评议人，首先有请浙江大学法学院的李世阳副教授，大家欢迎。

评议人：李世阳

尊敬的各位师友，大家上午好，感谢车浩老师和论坛主办方的邀请，感谢姜涛老师的主持。今天非常荣幸，有机会参加本次会议，借此机会提前拜读了多位报告人的大作，受益良多。其中于同志法官和胡锋云检察官所写的《权股交易型贿赂犯罪认定新思路》这篇论文，涉及了贿赂犯罪中作为交付对象的财物的认定，贿赂犯罪预备、未遂、既遂的判断标准，以及权股交易型贿赂犯罪的不同类型及数额的认定标准等问题，我认为可以把论文的核心观点概括为以下三点。

第一，贿赂物作为行贿、受贿行为的媒介，是作为侵害受贿犯罪保护法益的工具而存在，对其本身没有必要附加更多的要求。对作为贿赂对象的"财物"的认定，理应秉持更加开放、多元的态度。第二，将财物区分为确定利益和期待利益，在期待利益的取得上，以是否需要介入行贿人的行为作为实行行为的判断标准。第三，将股份、股票交易价值和期待利益均纳入行为对象，以实际获利认定犯罪数额，不特别区分受贿数额与孳息，而且认为这都是必要且可行的。这三个核心观点既有理论上的论证与支持，又有司法实务的可操作性。无论是在问题意识上，观点论证上，还是在实践价值上，这都是一篇优秀的论文。

下面我谈谈拜读这篇论文并听取于法官报告之后的三点心得体会。

第一点，对贿赂物的扩张认定以及对于"为他人谋取利益"这一要件的理解，归根结底是为了扩张贿赂犯罪的成立范围。这很可能产生结论先行的问题，也就是说，一开始就以严厉打击贿赂犯罪这一刑事政策目标作为解释的指针，从而陷入循环论证的怪圈中，并有可能违反罪刑法定原则，例如，按照目前学界和司法实务的通行理解，受贿罪基本上沦为单纯的受贿罪或者单纯的收受礼金罪。我个人认为，这一问题的根源是当前刑法学界对贿赂犯罪的保护法益的定位存在偏差。具体来说，关于贿赂罪保护法益的各种观点，陈金林老师已经作了总结，不论是职务行为廉洁性说、公正性说，还是不可收买性说、不可谋私利性说，基本上都是从因贿赂而形成的权力与金钱之间的交易关系这一点出发来论证的，因此这些观点有公因式可以提取，就是禁止这种权钱交易关系的形成。贿赂犯罪背后的行为规范是"禁止贿赂"，也就是禁止行贿人与受贿人通过贿赂形成交易关系。但是，法益内容是确立该行为规范最终将要实现的目标，而不是行为规范本身，而这一观点最大的问题就是将行为规范直接作为法益，这就好比将禁止杀人作为故意杀人罪的保护法益一样，无法发挥对构成要件解释的指引功能和限制功能。贿赂犯罪作为一个种类的犯罪，应当有共通于所有贿赂犯罪的保护法益，从而发挥立法批判功能及司法解释功能。

从个人到平行的社会一般人到全体国民，再到国家这一差序格局，并从分配行政的视角出发，可以清晰地说明贿赂犯罪侵犯国家法益的不同层次及其内容。贿赂犯罪背后潜藏着以下三重渐进式的差序法益。第一重保护法益，从与行贿人处于同等的、资源竞争地位的平行社会一般人的视角出发，贿赂犯罪侵犯了他获取维系其生存和自由发展的公共资源的机会公平性。对于机会公平性的判断应坚持事前判断而非事后判断。第二重保护法益，从全体国民的视角出发，贿赂犯罪破坏了国民对于凭借自己实力获取相应公共资源的信赖利益，这种信赖利益包括两重含义，既包括国民对于自己的努力与实力的内部信赖利益，也包括对于他人不任意提高获取资源成本的外部信赖利益，也就是说，每一笔受贿实质上是在无形之中增加了大家的交易成本。据此，事后受贿罪因侵犯外部信赖利益、阻碍内部信赖利益的实现而具有法益侵害性；没有获取不正当利益的被索贿者因没有破坏他人的对外信赖利益，让全体国民继续保有对内信赖利益，因此不具有法益侵害性。第三重保护法益，从国家本身的视角出发，我们都说贿赂犯罪是一种侵害国家法益的犯罪，侵犯性到底体现在哪里？体现在贿赂犯罪累积性地侵犯国家的根本制度。国家从自我防卫的必要性出发，有理由组织对贿赂犯罪的反击，但在法治国家，刑罚权的发动仍然应当受到罪刑法定原则的严格约束。

第二点，对于贿赂犯罪的犯罪形态的判断，应立足于贿赂犯罪的罪质，也就是说，它的基本构造是什么。不同的罪质，决定了实行行为与犯罪结果以及法益侵害这三者之间不同的互动关系。通过贿赂形成的对价关系本身并没有对行贿与受贿的双方造成法益侵害或危险，但该交易关系的达成仍然侵犯了"禁止贿赂"这一行为规范，因此可以将交易关系形成时间认定为贿赂犯罪的着手，但真正的法益侵害内容差序性地分布在该交易关系的外部，只有对贿赂犯罪所要保护的法益形成具体危险时，才能认为贿赂犯罪的相关行为规范已经达到可罚程度，并发动未遂犯这一制裁规范。关于实行行为与实行着手以及未遂犯这三者之间的关系，我的基本看法是，实行行为等于实行着手但不等于未遂犯。当前刑法学界普遍认为这三者之间可以相互等同，因此造成了很多问题上的混乱，这是为什么？因为实行行为是行为规范的范畴，而未遂犯则意味着发动刑罚，属于制裁规范的范畴，有行为规范的违反并不一定能够直接发动制裁规范，只有违反到某种严重程度才能发动。按照这一理解，也许可以较为妥善地处理收受原始股的贿赂犯罪中的犯罪形态问题。具体来说，当行贿人与受贿人之间达成权股交易的关系时，就侵犯了"禁止贿赂"这一行为规范，对贿赂犯罪的保护法益形成抽象危险，此时贿赂犯罪的实行行为已经着手；当原始股的期待利益具有兑现可能性时，对贿赂犯罪的保护法益则形成了具体危险，此时值得发动未遂犯的制裁规范；当行贿人兑现了原始股的期待利益，则达到犯罪既遂。其实，对于权股交易型的贿赂犯罪，完全可以将其视为一种隔离犯，例如甲向乙寄出了混入剧毒的包裹，寄出时就可以认定为杀人实行行为的着手，但只有当被害人接收了包裹才成立杀人未遂，而中毒身亡则成立杀人既遂。但是将是否需要介入行贿人的行为作为实行着手的判断标准，忽视了实行行为的判断应当与法益保护相关联这一点。而且这一标准借鉴的是所谓的"狭义的物的价值理论说",这一理论本身是否可以直接作为依据是存在疑问的。此外,如何从这一理论引申出他行为的介入因素对于权股交易型贿赂犯罪实行行为判断的重要性,可能需要进一步论证。

第三点,关于权股交易型贿赂犯罪数额的认定,我完全赞同以实际获利认定犯罪数额的观点,但赞同的理由与报告论文基于罪刑均衡的刑事政策的考虑可能不太一样。我认为可以考虑以下两方面因素:第一方面,贿赂犯罪是一种累积犯,是长期地、累积性地侵犯某种集体法益。设立累积犯的目的在于预防对被法所保护的集体法益的损害借由大量的、类似的个体行为而走向现实化,也就是说,当集体法益实际受损,一切已经太晚。第二方面,权股交易型的贿赂犯罪本质上是一种感情投资型的贿赂犯罪,只是基于原始股的持续增值特点,不需要行贿人小额、多次进行实际输送,因为小额、多次持续提供贿赂物已经借助原始股的增值实现。

以上是我拜读了报告人论文之后的几点粗浅的学习心得,不正之处还请报告人和各位师友批评指正。

主持人:姜 涛

非常感谢世阳副教授,一直盯着PPT,看着时间。世阳副教授有在日本留学的经历,非常的严谨,最后一句话说完的时候正好是10分钟,可见功力是非常深厚的。世阳老师不仅提前准备了评议稿,而且现场向大家展示了很精美的PPT,非常棒。在世阳老师的评议当中,我们看到他对法官的报告既有肯定也有质疑,尤其在质疑方面说理非常清晰,包括了是不是累积犯,是不是应该归类于感情投资型的受贿犯罪等问题。再次感谢世阳副教授。

下面我们的第四位评议人是北京大学国际法学院的吴雨豪助理教授,大家欢迎。

评议人:吴雨豪

谢谢姜老师的介绍,首先非常谢谢车老师、何老师和主办方给我这个宝贵的机会。我今天要评议的论文是于法官和胡检察官的《权股交易型贿赂犯罪认定新思路》。

首先我想先谈阅读这篇论文之后的两点最宏观的感受。第一,这篇论文无论是从问题导向、论证方式,还是解决方案的提出,都非常鲜明地体现了刑法学的实践导向问题。正如文章中提到,这种贿赂犯罪本身经历了非常漫长的历史发展的进程,尤其随着政府和市场之间的关系不断紧密,权钱交易当中的利益输送的形式越来越隐秘,其中就包括我们刚刚提到的权股交易型的贿赂方式。该文恰好对这种非常隐秘的利益输送方式进行了规范分析,并且分析的依据和具体的案例都来源于司法实践,最后回应的问题也是司法实践中遇到的一些非常棘手的问题,比如,罪与非罪、数额认定。这种实践导向本身也与本届实务论坛的宗旨不谋而合。

第二,给我留下非常深刻印象的是文章在提出具体的司法解决方案的时候,一直非常关注刑事政策的正当化考量与罪刑法定原则下刑法解释合理性之间的平衡。例如,文中提到,原始股交易型的受贿犯罪在利益输送上的价值甚至远高于传统的干股型贿赂，这就使我们在刑事政策上具有了对这种行为进行处罚的必要性，否则反腐治理将会存在巨大的漏洞。但是，事实上在对这种行为进行处罚的过程中，我们又遇到了很多挑战，例如，文中所提到的"行为与犯意同在"原则，例如，财产转移中行为人对财物的实际控制，如果这些问题处理不好，可能会威胁到最基本的罪刑法定原则。文章中对这些问题都尝试进行了回应，也通过对具体的刑法概念处理方式的解释达到特定的目标。事实上，这种处理方式与现代刑法学最前沿的发展方向是非常吻合的，也就是罗克辛教授所说的目的理性的犯罪论体系，即我们如何通过合理地解释某些具体的构成要件，最终达到特定的刑事政策的目的。

以上是我阅读完文章之后的直观感受。接下来，我想简单地谈一谈我对这个问题的看法。文章的主题是"权股交易型的贿赂犯罪"，我和世阳老师也进行了分工，刚刚世阳老师主要探讨的是贿赂犯罪的一般原理，而我评论的重点可能在于权股交易这种事实性的内容。作为一种财产性利益，股权目前在司法实践中已经被认定为贿赂犯罪的形态，并且我国已经有专门的司法解释对这种犯罪形态进行了规定。需要追问的是，2003年的《纪要》和2007年的《办理受贿案件意见》这两份司法文件背后的底层逻辑是什么？我们都认为股权是一种财产性利益，另一种用金钱计算的财产性利益就是债权，为什么我们对股权和债权受贿的处理方式完全不同？在我看来，其中最主要的原因是股权交易本身所具有的三个属性。

第一个属性是股权具有高度的流通性。在一个成熟的资本市场中，高度流通性使股权具有了某种类似于货币的属性。例如，如果明天我们需要用钱，完全可以马上通过抛售的方式获得相应的金钱利益。而这种类似于货币的属性恰恰是其他很多财产性利益，如债权，所不具有的。这种类货币的特性，体现在刑法上，就使权股交易型的贿赂犯罪的既遂认定时点显著前移。比如，2003年《纪要》中提到，只要非法收受股票，为他人谋取利益，就直接构成受贿罪。但是文章也提到了另一种情况，让我受到了很多启发，就是债权的设立。在债权的设立中，不可能将既遂的节点前移到相同的阶段。因为即使你写了一张借条，这张借条也不可能马上兑现，此时虽然写了借条，获得了债权，但可能连着手都无法认定，更不用说构成既遂。我认为其背后的底层逻辑就是股权所具有的类货币化的属性。

第二个属性是获得股权常常需要支付一定的对价，这种对价在受贿罪故意的认定中是非常重要的。比如，无论是2003年的《纪要》还是2007年的《办理受贿案件意见》，都将受贿罪主要限定在收受干股的情形中。同时认为，支付股本金而获得有可能升值的股票，由于不是无偿收受他人贿赂，不以受贿罪论处。这就是从对价性引申出的结论。

第三个属性是股价的市场浮动性。在一个正常的股权交易的市场中，股票既可能升值也可能贬值。落实到刑法的处理规则上，这一原理实际上涉及行为人对故意数额的认定。刑法的一个重要原则是"行为与故意同在"，这个原则本身也是责任主义原则的自然延伸。因此在股权交易型的受贿中，对数额的认定一般是按照转让行为时的股份价值计算，这也是目前2007年《办理受贿案件意见》的态度。

所以在理解 2003 年的《纪要》和 2007 年的《办理受贿案件意见》这两部司法解释的时候，实际上我们往往会回归到权股交易结构的底层逻辑，这些底层逻辑某种意义上为常见的权股交易型贿赂犯罪的司法解释提供了正当化的依据。但是该文提到的原始股交易恰恰是在这些底层逻辑上，与之前所认为的股票的三个属性产生了偏离。我们先来看后两个属性。

首先，在原始股交易中，行为人虽然也支付了一定的对价，但是这种对价实质上显著地低于股票原有的实际价值。因此在这个意义上，这种支付对价的行为不足以排除行为人受贿的故意。其次，在原始股交易中，刚刚所说的第三个属性，股价的市场浮动性也受到了质疑。在绝大多数情况下，无论是行贿人，还是受贿人，都意识到只要上市、解禁，股票价格一定会上升。由此可以说，在获得股份的时候，受贿人对受贿金额的故意不能仅限于股票的原始价格。相反，由于其对股票上市后的升值是明知的，因此即使贯彻"行为与故意同在"的原则，故意数额的认定也不能局限于原始股交易时的价格。所以，从这个意义上来说，我认同该文的基本观点，在原始股交易的场合，之前的《纪要》《贪污贿赂刑事案件解释》是没有办法适应需要的，这种不适应背后一个非常重要的理由还是要回归到两部司法解释所依据的市场规则上。

但是这只提到了后面两处偏离，实际上我们还需要看到原始股交易和普通股权交易的另一个不同，就是前面所说的流通性或类货币化属性。因为事实上在股票上市、经过解禁期之前，原始股是不能自由流通的，因此，相对于普通股权，原始股的货币属性事实上是被显著削弱了的。刚刚我们提到，正是由于其具有货币属性，所以将既遂认定时点往前移，但是如果不满足这种货币属性，该如何？在我看来，出资购买原始股事实上更多地类似于获得债权。如果没有流通的属性，则行为人事实上没有实现对财产利益的控制，这是它与普通股权交易最大的不同。因此，我比较赞同世阳老师刚刚所说的隔离犯的处理方式，应当分阶段，只有在股票真正上市，甚至过了解禁期，具有流通性之后，我们才能认定受贿人对财产性利益具有一定的控制，可以认定其成立犯罪的着手。同时在数额的认定上，我认为也需要分情况讨论，比如，抛售后，他的实际获利当然就是抛售时的价格，但是如果他没有抛售，市场交易变化，这时我们就需要回归到故意认定的规则上。本着存疑有利于被告的原则，我倾向认为，不能将之后升值的部分纳入受贿的数额认定之中。

主持人：姜　涛

非常感谢雨豪老师。在 10 分钟之内，雨豪老师大致用 3 分钟的时间，讲政策的目的理性和最终导向之间的关系，这与世阳副教授对扩张解释的担忧其实是一致的。然后他用 7 分钟的时间讲了股票交易的规则。大家都知道，他是做法实证、法社会学研究的，他今天提到的股票交易规则对我们讨论股票交易型受贿犯罪的认定，是非常重要的。我们在解释刑法的时候，肯定要回到立法者当时规制这种行为的赖以存在的事实基础。如果这都没有找准，在解释的时候就可能会走向政策依赖，偏向功利，就可能会出现我们两位点评人所担忧的扩大化解释的问题。

非常感谢雨豪老师。现在时间是 11 点 41 分,按照议程的设定,其实已经超时 20 分钟,但是我们进行研讨会还是要有仪式感的,所以下面进行一个简要的总结。

今天第四单元的报告和点评,非常明显地体现了"四有"的特点。"四有"是什么?第一,有争议,就是在报告人和点评人之间,在一些基本问题上,有比较大的争议。第二,有亮点,无论是于法官在报告当中所提到的双层分离式审查的方法,还是世阳副教授所提到的属不属于累积犯等问题,都是很有辩点的。第三,有深度。第四,有启发。无论是讨论股票交易型的受贿犯罪,还是回到第一单元去讨论受贿犯罪的法益,我认为都是非常富有启发性的。会不会成为反证,都值得我们后续进一步去讨论。车浩教授把本届论坛放到春天,而春天是播种的季节。今天通过这个环节的讨论,我们已经把理论的种子种下了,让我们静待它发芽、结果。这是我说的第一点。

第二点,本单元所讨论的主题,股票交易型的受贿,其实通俗地来说,就是"借鸡下蛋"的问题。当然"借鸡下蛋"会有不同的情形。第一种情形,你把这只"鸡"买回来之后,它确实会生"蛋",有利益。第二种有可能出现的情况是把"鸡"买回来之后,它不生"蛋"或者这只"鸡"死掉了。炒股的人一定知道,不是买了原始股就一定赚钱的,在疫情期间,股票"破发"的情况屡见不鲜,有的时候上市了 4 只股票,可能 3 只股票同时在跌。所以也有可能你把这只"鸡"买回来之后,它死掉了或者不生"蛋"。

股票交易型受贿涉及的第一个问题是,你拿这只"鸡"的时候有没有花钱。我们今天能够达成共识的是,如果你把"鸡"买回来没付钱,结合其他客观方面内容的认定,就有可能构成受贿。有争议的问题是,它生"蛋"之后怎么处理。第二个可能涉及的问题是,如果买了这只"鸡"后不生"蛋"或者死掉了,罪与非罪以及既遂的标准怎么去把握?是买了之后就构成实行或着手,还是股票上市之后,才算是实行或者着手?这里我们要考虑各种情况。但是今天研讨的一个基本前提就是这只"鸡"可能会生蛋,所以我们主要讨论的既遂,到底是以把"鸡"买回来为标准,还是以股票上市流通为标准,还是以解禁之后、可以交易的时候为标准。第三个涉及的问题是数额的认定。在今天的研讨当中,这个问题其实也没有达成共识,还需要后续进一步去讨论。

在讨论"鸡生蛋"到底属不属于受贿的问题时,雨豪老师讲的股票交易规则是非常重要的,这对我们讨论刑法解释的方法、问题有很大的启发。它不是单纯的刑法逻辑问题,可能还包括社会逻辑的问题。

最后我还是借这个机会表达一份感谢,特别感谢今天在场的各位嘉宾。对学术研讨来说,坚持是最美的风景。在本单元的讨论当中,我们看到白老师、莫老师、车浩老师,他们都是非常著名的编辑或者法学家,今天也仍然坚持到最后,所以我表达一份感谢。同时也谢谢家林教授,因为留给主持人的时间总共是8分钟,家林教授只用了两分钟,给我留了6分钟,所以我也要特别感谢他。本单元的评议环节到此画上句号,接下来还有一个自由讨论的环节,由湖北省高级人民法院刑事审判第二庭程皓庭长和北京大学出版社的杨玉洁编辑共同主持，大家欢迎。

三、自由讨论

主持人：程　皓

各位专家学者，各位同仁，大家上午好。根据论坛安排，由我和北京大学出版社的杨主任共同主持今天上午的自由讨论环节，在此之前要用主持人的身份来说一下自己的想法。

第一是表示感谢，感谢莫老师、车老师和何老师的邀请。我已经离开学校16年，但在莫老师面前永远是学生。我作为离开学校16年的学生再次回到武汉大学，来参加这场高水平的青年刑法学者论坛。

第二是表示感慨。我在法院从事实务工作十几年，也做过一些研究，但是参加了昨天下午的会议和今天上午的会议后，感觉实务领域的研究已经完全跟不上理论界研究的步伐了。理论界对司法实务领域中的争议问题和疑难问题的研究、分析、研判，很超前、很深入、很细致。通过昨天下午和今天上午的会议，说实话，令我个人受益匪浅，让我大开眼界。

第三，我想表达的是对车老师和莫老师的一点小小建议，建议今后的青年刑法论坛能跟实务部门进一步地对接。这两天的论坛主题和内容，贪污贿赂犯罪也好，职务犯罪也好，都只是实务疑难问题的冰山一角，只是很小的一部分，就像世凯主任刚才说的，主体身份看似没有问题，实则问题很大。前不久，省纪委和省级两院就一些案件讨论过多次，也是争执不下。不仅是国家工作人员身份的问题，也包括特定关系人怎么去界定的问题。比如，通常认为特定关系指亲属关系或不正当的男女关系，而精神层面的利益关系能不能算作特定关系人之间的其他共同利益？这都有真实案例，也有很大争议。这些问题一方面需要实务界的同志们认真地去解读法律、执行法律，把案件办好，但另一方面，更重要的是，迫切地需要理论界、研究界的专家学者们，给我们提供理论上的支撑。就像上周，省纪委因一个案件来征求我们的意见，在这之前，省级两院也提供了意见，但是争议很大，后来把何老师请来做了专家意见，省纪委才下决心把这个问题定下来。所以理论界的意见和专家学者的论证，对实务部门具体办案有非常重要的指导意义，能为我们理清思路。因为时间关系，我就不再多谈。

根据安排，这是一个自由讨论的环节，但是考虑今天上午有两场主题报告，所以这也是本届论坛的最后一个自由讨论环节。因此，我想跟杨主任同大家商量一下，第一，在接下来的自由讨论环节，谈论内容不局限于刚才于法官的主题报告，也要涵盖今天上午第一位徐教授的主题报告，同时也可以涵盖对昨天未尽事宜的讨论。第二，能不能尽量不用提问或者请教的方式来自由发言，可以直接简明扼要地陈述自己对相关问题的观点，也为我们进一步地厘清问题，提供更多的视角和思路。

我们抓紧时间。有没有自告奋勇的？好，那位男士。

发言人：罗世龙

谢谢主持人，感谢车浩老师、何荣功老师给我提供这次学习的机会，我是来自华中师范大学法学院的罗世龙，今天的论坛令我受益匪浅。我想针对徐然老师的第一篇报告谈一下自己的感想。

事实上，无论是从立法层面还是解释教义的层面，这篇文章在讨论和介绍贿赂罪的必要性时，是否可以从两个层面来思考：

第一个，这个罪名是否有定罪的必要性？事实上，在讨论的过程中，大家都从实体法的应然角度来讨论它的区分问题，如果我们经历过司法，会发现实际上还有证据的问题：有一类帮助行为的主观犯意或者具体行为的证据可能不好采集，所以它可能作为帮助信息网络犯罪活动罪、非法持有毒品罪等犯罪处理，从而起到弥补处罚范围的功能。介绍贿赂罪的立法目的是否可能有这种考虑？

第二个，这个罪名是否有量刑的必要性。刚才几位评议人讲道，事实上介绍贿赂的行为分为预备阶段的介绍行为（实质上也是一种帮助行为）以及实行阶段的帮助行为。从刑法上讲，如果没有证据问题，主观方面满足条件，把行为人定为帮助犯是没有疑问的，定为行贿罪还是受贿罪则要根据到底侵害了哪个法益来确定。既然能定为帮助犯，为什么还要单独设立介绍贿赂罪？通行的观点是，帮助行为正犯化或者预备行为正犯化，一定是觉得要加重处罚，才有必要单独正犯化。在今天的讨论中，我个人的思考是，似乎帮助行为正犯化也可以是为了量刑的适当，可以是为了量刑更轻。为什么会这样思考？帮助行为也分为很多种情形，比如，前述两种阶段的帮助行为可能都符合帮助犯的构成要件，但是如果经过论证，发现这两种帮助行为在社会危害性或者法益侵害性、紧迫性上有不一样的地方，通过其他的情节无法实现量刑均衡和差异化，是否可以考虑以这种形式将其正犯化，使其量刑更轻？这种观点可能与通行的、认为正犯化都必须要加重处罚才能够自圆其说的观点不太一样。我们刚才讲，撮合介绍是否就一定符合介绍贿赂罪？事实上从语义角度，也可以将这种行为解释为帮助行为，因此从语义上进行区分就存在困难。我认为，可以考虑的是，能否从设置这个罪名的背景出发，从量刑的必要性进行解释？所以我对这篇论文的建议是，如果要对预备行为的帮助行为适用介绍贿赂罪，是否还需要进一步去论证其量刑与其他的帮助行为相比为何更轻。

这是我的一点感想，谢谢。

主持人：程 皓

有一位女同志很积极。

发言人：刘心仪

大家好，又是我，我是清华大学法学院博士后刘心仪。

我对于法官今天的报告有两个问题。按我对于法官报告的理解，对于原始股，基本上在上市之后就属于狭义的期待利益，也就是说，利益是存在的，只是数额不太确定，那么就应讨论它的数额，在讨论数额的时候就要考虑实际获利的情况。我的理解是，这是在考虑在股票市场当中，在我们真实的生活实践当中，股权到底算多少钱。对此，我有两个问题：

第一个问题是，和股权不一样，但在现代社会也经常出现的另一种形式,它也具有高度的不确定性,甚至都不确定利益是不是存在。比如,现在比较流行的虚拟货币比特币、NFT数字藏品,还有元宇宙的地产。可能刚开始受贿方支付了一定的对价,在当时是一个比较便宜的价格;但最后,比特币或者虚拟世界元宇宙的地产价格暴跌,受贿人还有损失。按照看受贿人实际获利数额、财产增加数额的逻辑,这种情况下受贿人是不是不构成受贿?受贿人未获利,反而还有财产损失。

第二个问题其实也跟第一个问题相关。现在实务界和理论界的主流观点都认为,受贿罪的实行行为是收受好处的行为,在判断的时候就会落脚在收受的利益方面。正如姜涛老师所说的,这就转变为收受了一只"鸡",这只"鸡"生了几只"蛋"、这只"鸡"有没有死、这只"鸡"值多少钱的问题。可是在贿赂犯罪当中,最重要的是对价关系,也就是贿赂和实施一定的职务行为之间构成的对价关系。因此重点到底是那只"鸡",还是为什么别人要送那只"鸡"?为什么对其他的人送"鸡"就不是贿赂犯罪,对公职人员送"鸡"就是贿赂犯罪?为什么要考虑那只"鸡"的价格?是不是应该从另一个角度,从收受财物的一端转移到行贿人向受贿人所请托的事项一端来看?比如,不同的受贿人可能收受的好处都是200万元,但一个职位比较大,另一个职位比较小,我认为对他们的量刑应该是不同的。即使受贿数额一样,但一方被请托的事项是一项比较小的工程,另一方被请托的则是涉及全市公共事业的工程,如地铁的建成,故而不同情形应该不一样。我认为理论界跟实务界可能都需要破除"唯数额论",从多方面来考虑受贿犯罪的情节。

针对第一场徐然老师的报告我还有三个问题。

第一个问题，徐然老师将介绍贿赂理解为行贿的实质预备犯，如果我没有理解错误，这实际上就是说，介绍贿赂的行为人也是行贿罪的行为人，只是其处于预备阶段。我的问题是，《刑法》第三百八十九条行贿罪规定行贿人要谋取不正当利益，主流学说认为"为谋取不正当利益"是主观要素。如果介绍贿赂罪的介绍人发生了认识错误，以为行贿人谋取的是正当的利益，不需要受贿人违反职务，他能不能够构成介绍贿赂罪，能不能够符合徐然老师说的行贿的实质预备犯的要求？

第二个问题，关于居间介绍人截留贿赂款项的问题。我的问题是，居间截留款项有没有可能构成财产犯罪，如诈骗罪或者敲诈勒索罪？如果构成诈骗罪，比如，行贿人以为他花了500万元去贿赂受贿人，基于这种认识把500万元给了居间人，居间人自己扣下了200万元，只花了300万元，这是不是构成对行贿人的诈骗？如果构成诈骗，行贿人就是诈骗罪的受害人，这200万元是不是要返还给行贿人？这里是不是存在想象竞合的问题？对此我想请教徐然老师。

第三个问题，涉及公职贿赂犯罪和一般贿赂犯罪。介绍贿赂犯罪规定在《刑法》第三百九十二条，只针对国家工作人员。而在《刑法》第一百六十三条和第一百六十四条，即非国家工作人员受贿罪和对非国家工作人员行贿罪条款当中，没有类似于介绍贿赂罪的规定。在对介绍贿赂罪进行解释的时候，是不是也要考虑到这个问题？如果对比这两部分的量刑，我们会发现，其实国家工作人员受贿和非国家工作人员受贿的法定刑差别并不大，差别只是国家工作人员受贿的最高刑多了一个死刑,而非国家工作人员受贿罪的最高刑是无期徒刑。但是对国家工作人员行贿罪的量刑和对非国家工作人员行贿罪的量刑差别就很大了。对国家工作人员行贿,基础刑是5年以下有期徒刑,加重是5—10年有期徒刑,最高可以判到无期徒刑,但是对非国家工作人员行贿罪,基础刑是3年以下有期徒刑,最高刑也只有10年有期徒刑。按照我的理解,徐然老师的这篇报告扩张了处罚范围,本来没有这一条,就不应该处罚这种行为,现在加上这一条进行处罚。能否有另一个解释方向,即如果没有这一条规定,本来对这种行为的处罚应该非常重,但现在我们规定了介绍贿赂罪,其实是对这种行为从宽处罚。因为它的最高刑也只有3年有期徒刑,而且还要结合《刑法》第三百九十二条第二款,自首可以减除或免除处罚的规定,更加可以看出立法者在这个问题上的从宽态度,所以我认为也存在从另一个方向进行讨论的可能性。谢谢大家。

主持人:程 皓

我刚才说理论界的研究非常高、精、尖,听两场报告的时候我思路很乱,没理清,经过这位同学这么一问思路更混乱了,我们于法官远在云端,无法回答你的问题,你向徐教授提了三个方面的问题,看看能不能请徐教授简要地回应一下,满足你的求知欲,好不好?

回应人:徐 然

特别感谢提问,我简要地回答一下,不耽误大家时间。主要是三个问题,其实第三点跟前面罗世龙老师提的问题也有共性。

第一点是把介绍贿赂认定为行贿罪的实质预备犯。在预备阶段,如果错误认识了行贿人的主观意图,事实上都不构成预备阶段的共犯关系,没有形成预备阶段的帮助故意,因为介绍人故意的内容不包括为了行贿人谋取不正当利益的帮助的意思。

第二点是居间截贿的问题。因为我的文章主要讨论的是居间人在行贿受贿过程当中的作用,所以居间人截取贿赂款的行为,可能会涉及财产犯罪,但这不是本文的讨论重点。不过对于数额问题,我明确地说,假设在行贿人交付100万元的时候,中间的截贿人明确地知道这是贿赂款,还截取了50万元,对于行贿人而言,实际行贿的数额是50万元。被"黑掉"的50万元,要在既遂的前提下作为未遂数额加以考虑,这也符合财产犯罪的一般处理原则。既然作为未遂的数额理解,就不可能作为被害人的财物加以返还。

第三点是介绍贿赂是不是一种从轻处罚的逻辑。刚刚罗老师也提到,事实上《刑法》分则专门、独立地去作了一个规定,一般的理解是要从重,否则通过总则扩张处罚就行了。所以单独处罚的逻辑到底有没有法理的依据可能存疑。此外,把作为重罪的贪污贿赂罪的共犯摘出来以轻罪处理,在法政策上可能也不太合理。凭什么要把一个实际上可能要着重打击的行为降格处理?这找不到合理性。以上是我的简要回答,谢谢。

主持人:程 皓

刚刚何荣功教授提示我,于法官的合作作者,胡检察官也在现场，不好意思我没有注意到。请胡检察官就刚才这位同学提出的几点疑问或者请教，做个简单的回应。

回应人：胡锋云

首先非常荣幸，也非常感谢会议主办方，能够允许我参加这次会议。经过昨天下午和今天上午的两场学习，我感觉受益匪浅。一方面是因为这次实务会议跟我以往参加会议的感受很不一样，理论与实务的融会点特别多，为我们从事实务工作提供了很好的借鉴。另外，关于会议的讨论方式，我昨天还和我同事讨论到，这可能是我第一次感受到这么犀利的、针针见血的讨论，很触动也很受益。

关于刚刚刘心仪博士提到的问题，其实我们在考虑原始股的受贿问题的时候，在实务工作中碰到难题的时候，第一步就是先作实质性的判断，出现了一种新型的犯罪情形，需不需要以刑法来评价。就像今天很多老师点评的，这篇论文可能有一种功利主义的导向或者结果导向，我们先确定了结论，然后再为这个结论找依据。所以这个过程中，在理论上可能有一些说的不够充分的地方。就像我刚刚说的，在研究这个问题的过程中，我们把原始股问题首先放在股份的大框架下，股份跟普通的财物相比，最大的特质是按股分利的原则。在收受股份的时候，不同于只有确定利益的实物，它更显著的特点是具有确定利益加期待利益。而对刚刚吴教授讲的存款债权，虽然它也有确定利益和作为利息的期待利益，但是在实践中常常看到的是，双方交易的主观目的指向的是存款，利息部分用通俗的话来说实际上是"大头小尾"。但股份不一样，股份，尤其是原始股，除了当时的实际价值，其实质上指向的是上市后的巨大附随利益。如果仍旧依照常态的判断模式，只把当时的价值作为犯罪数额，把分红和附随利益全部排除在外，就明显忽视了双方的主观意识联络所真正指向的目标。所以基于这种思考，我们把判断的重心放在了期待利益如何入罪上。

建立这种认定逻辑的另一个原因是，在股份受贿与普通的受贿形式中，普通受贿往往是一锤子买卖，而股份受贿实际上是一次交易持续获益，行贿人与受贿人之间深度的利益绑定更加明显。如果对这一点不予评价，也不太合适，所以我们就从这两个角度论证了这个问题。正如我刚才所说，可能更多的是一种自觉性的判断，理论上可能有说的不充分的地方，但今天尤其感谢李世阳老师给我提供了累积犯的思路，股份受贿一次交易持续获利的特征确实有一种感情投资、细水长流的状态，累积犯的路径是不是更为合适，我们回头会再继续考虑。

主持人：程　皓

感谢胡检察官。由于时间已经非常晚了，经与另一位主持人商议，自由讨论环节的交流结束，下面由另外一位主持人杨主任就自由讨论环节做一个小结。

主持人：杨玉洁

谢谢程庭长，依照我们二人的主持分工，由我来做结束语。从我的身份的角度来说，做结束语还挺合适的。作为出版方，也是响应姜涛老师刚才所说,今天大家种下的种子就由我们来负责开花结果,我们也作为会议方的最后接力者,向在座的所有人,包括我们的主创人,作郑重的汇报。

经过车浩老师多年的坚持和推动、几届论坛的成功举办以及相应出版物的推出,现在"刑法新青年"系列已经成为法学界非常有影响力的图书品牌,这些书每年都在加印。每位学者的精彩发言,以及思想的碰撞,其实都以文字的形式凝结在了这些书本上,早已脱离了会场的空间束缚,传递到了更多的读者那里,与他们分享和商榷。同时,昨天与车浩老师交流的时候,我也发现几届论坛中的年轻的报告人以及评议人,其实已经有很多都是北京大学出版社的签约作者。这离车浩老师大力扶持青年学者以及举办论坛的初心,可能真的又近了一步。他们也都在各自的领域和平台熠熠生辉、闪闪发光。所以我相信,在与会的所有学术前辈、实务专家,以及资深编辑的大力扶持下,这些优秀的年轻学者,也能像封面上肯特的这幅版画一样,早日攀上学术高峰,摘得他们心目中的那颗学术明星。

最后我提议,我们将特别热烈的掌声,送给全国青年刑法学者实务论坛的主创人车浩老师、赵春雨老师、主办方武汉大学法学院的莫洪宪老师、何荣功老师,以及蔡颖老师和他的团队们,非常感谢你们!

闭幕式

主持人：蔡　颖（武汉大学法学院讲师）
总结人：马寅翔（华东政法大学刑事法学院副教授）
　　　　袁国何（复旦大学法学院副教授）
致辞人：车　浩（北京大学法学院教授）
　　　　何荣功（武汉大学法学院教授）

主持人：蔡　颖

尊敬的各位嘉宾，大家开会辛苦了。作为承办方的工作人员，我向各位嘉宾表示感谢，感谢各位嘉宾莅临武汉，莅临武汉大学。前几天筹备会议的时候还在下着瓢泼大雨，周四晚上，我们做完筹备工作回去的时候，同学们没少淋雨，结果周五嘉宾们一来，天马上就放晴了。今天议程快结束了，嘉宾们要返程了，武汉却搞了个马拉松，堵塞了交通，不舍让嘉宾们回去。所以非常欢迎各位嘉宾以后经常回来，回来看看武汉，我们也可以少淋一点雨，多锻炼一下身体。

作为一名青年学者，我想利用我主持的一点时间，行使一点自己的"职务便利"，再次感谢论坛的发起人车浩老师，以及一直和我们合作的盈科律师事务所，特别是赵春雨主任，因为这个论坛，我们青年学者的声音能够被更多人听见，感谢两位老师。

接下来进入学术总结环节，这部分的两位老师都是我的师兄，非常荣幸，正好借此机会向两位师兄学习。首先有请华东政法大学刑事法学院的马寅翔老师作学术总结。

总结人：马寅翔

各位尊敬的前辈，各位同仁，大家中午好。根据本届论坛的安排，由我和袁国何老师分别对上半场和下半场两场会议进行总结。接下来我将会努力根据与会学者和实务部门同志的精彩发言，全面勾勒上半场论坛的精彩瞬间。由于我个人词汇量并不强大，如果我手工生成的总结不够智能，还请各位专家、同仁多多批评指正，也多提供一些更富有思想的词汇，助推我从手工智能3.5版上升到手工智能的4.0版。谢谢大家。

在何荣功老师的幽默主持之下，贾宇院长、陈兴良教授、莫洪宪教授、赵春雨主任和车浩教授先后致辞，表达了对论坛成功召开的热烈祝贺和对青年刑法学者的殷殷嘱托。开幕式结束之后，陈金林教授和马春晓教授先后以贿赂犯罪的法益及其处罚边界、感情投资型受贿的规范本质和体系解释为核心内容，进行了精彩纷呈的报告。陈金林教授凭借其强大的气场把控全局，气定神闲，娓娓道来，充分展示了武汉大学金课教授的风采和青年刑法学者的魅力。而马春晓教授凭借其深厚的教义学功底，内容层层推进，分析丝丝入扣，同时以其强大的时间把控能力，向大家充分宣告了一位清新儒雅的学术新星的诞生。

整体而言，两次报告，虽选题不同，但却有着以下共同的特点：

一是鲜明的中国问题意识。无论是贿赂犯罪的保护法益问题，还是感情投资型受贿的定性问题，都是立足于极富特色的我国刑法立法和司法解释的规定展开的研究。虽然两位报告人都对德国的刑法理论了如指掌。但正如白岫云老师所指出的那样，两次报告都跳出了对德国刑法理论的路径依赖，始终将目光聚焦于我国的本土立法，强调问题研究的中国意识，并始终关注中国的司法实践运作状况，试图通过研究打通理论和实践的壁垒，助推中国刑法的自主发展。这无疑彰显了当代青年刑法学者面对历史使命的学术担当。

二是形式正义的自觉追求。就贿赂犯罪的问题而言，在贿赂犯罪的庞杂刑法规范当中，不乏基于清正廉明等传统的职业伦理道德要求而作的规定，它反映了我们国家的立法者和司法者试图凭借散乱的经验直觉，实现对实质正义的追求。而两位报告人都以体系性思考为抓手，试图借助规范的研究，将纷繁杂乱的规范整合为圆融自洽的系统，实现规范群组的协调，以确保刑法的安定性，助推实质正义向形式正义合拢，切实保障涉案人员的合法权益。

三是不畏基础理论的挑战。两位报告人的选题都是传统的基础理论研究。此类研究一方面"大佬"云集，另一方面结论基本成熟。对于此类选题，大多数的青年刑法学者往往会选择绕道而行，希望通过错位发展实现自身的突破。而两位报告人虽然已斩获副高的头衔，却仍然秉持"初生牛犊不怕虎"的学术勇气，直面基础理论研究，并借助扎实的学术积累，取得了可喜的突破。这种不随研究趋势之波逐流，勇于发出不同的声音的做法，向我们展示了青年刑法学者的朝气和勇气,也是我学习的楷模。

就上半场的会风而言,在许永安主任、田国宝教授、焦艳鹏教授、赵慧检察长、张勇教授、白岫云老师、欧阳本祺教授、易明群主编、高巍教授、陈罗兰副主编的接力主持之下,徐凌波老师、陈少青老师、隗佳老师、于靖民副院长、吴峤滨处长、郭泽强教授、陈珊珊教授、杨绪峰老师都分别进行了到位的点评。

总体而言,正如易明群主编精准的总结所指出的那样,本场讨论少了一点感情性评议,多了一些实在性内容,这无疑彰显了青年刑法学者实务论坛在车浩教授的带领之下,跳出借助会议进行"感情投资"的常规套路,实现了对传统会风的超越。我全程参与下来也是如沐春风,受益匪浅。以上就是我手工生成的总结,不当之处请各位前辈、同仁多多批评指正,谢谢。

主持人:蔡 颖

感谢马寅翔老师。马寅翔老师播音腔的讲话风格让我感觉有点像新闻联播,我也受益匪浅。接下来有请复旦大学法学院的袁国何副教授。

总结人:袁国何

谢谢蔡颖,谢谢车浩老师、何荣功老师、赵春雨主任给我这个机会,来到这里学习各位青年学者、同仁们的报告并参与评论交流,我想对第二阶段的报告交流作一个简短的总结。

我记得在这次报告的最开始,贾宇会长提出,我们要关注本土问题,关注案例,这个宗旨、目标和指示在我们今天和昨天的讨论中贯彻得非常彻底。我注意到这次，特别是我们下半场的报告中，"含实务量"非常之高。

首先，存在着高比例的实务人士的深度参与，在第二单元的第二部分中有两名报告人，八名评论人，其中有40%的人来自司法实务一线，覆盖了控、辩、审三方。具体来说，我们有一名报告人来自最高人民法院，两名评论人来自检察实务的一线，一名评论人则是曾经任湖南省高级人民法院法官的现任律师。就报告人、评论人来说，我们可以看到，实务占比非常之高。

其次，问题意识具有清晰的、深刻的实务根源。徐然老师的报告一直聚焦于如何在实践中合理地处理三个犯罪之间的关联问题，这是我们在刑法理论中，在刑法实务中长久争论的经典问题。他关注的问题原点是如何在司法实践中实现类似案件的类似处理。而于法官的问题出发点是如何去处理司法实践中出现的、新型的收受原始股，特别是以购买的形式出现的问题。这类案件的出现使得司法解释性文件中的规定可能不太适应需要。因此这两场报告非常清晰地关注现实案件，关注司法实务的具体问题，我认为他们具有对司法实务敏锐的洞察力，关注司法实践中的难点、痛点，问题意识具有鲜明的实务性根源。

最后，用了大量的鲜活案例来作为论证材料，这也表现了论坛的实务性特征。报告人的报告和评论人的评论实际上用了十几个案例：我注意到徐老师用了三个案例来引入，而于法官则用了七个案例来展开论述；我还注意到王世凯检察官在评论的过程中，同样用了四个案例来辅助论证，而赵冠男老师则用司法数据来引入他的评论。从中可以看到，我们的青年学者，无论是报告人还是评论人，都高度地关注实务中的具体问题，他们在论述的过程中同样关注现实中的数据，使用了现实中的案例来作为论证资料。

昨天到达武汉的时候，我关注到武汉最有名的小吃热干面，发现其中最有名的是蔡林记。我看了它的介绍，说蔡林记的热干面有三个特征，第一个特征是"料足"，第二个特征是"味绝"，第三个特征是"价格优"。我发现本届论坛的报告和评论同样有这样的特色。

首先，"料足"，可以看到报告人和评论人的内容中有非常丰富的理论资源，也有非常丰富的实践案件，这些内容能够给大家新的知识和收获，新的学习材料。我认为在这方面，这些报告是有效的，是能够带给大家收获的，我们的评论同样是能够让报告人受益，让观众受益的。

其次，"味绝"，可以注意到，今天的报告没有学术上的"感情投资"，我们的批评都是直面问题，是相当"辛辣"的，相当于我们点的"热干面"是武汉最有特征的辣的"热干面"。我注意到，从论点、论据和论证三个方面，评论人都对报告人展开了激烈的评论，有的可能是直接批评，有的可能是给他们提供了辅助论证的可能性。

比如，在论点方面，邹兵建老师即便是徐老师的硕士室友、博士同学，但仍直接指出徐老师这种实质预备犯的界定，在本罪与行贿罪共犯、受贿罪共犯的竞合问题上，可能会存在着前后观点的不一致，因此他提出了用中立的帮助犯来解决的方案。对此，我注意到赵冠男老师也对徐老师的观点提出了一定程度上的质疑,当然他在最终的解决方案上可能不太一样。在竹莹莹检察官的评论中,她也提出于法官将附条件实现的利益统一认定为犯罪预备的做法同样有商榷的空间。我们可以看到,他们对报告人的观点进行了最直接的点评。

在论据方面,我注意到,比如肖兴利律师在她的评论中提到,徐老师所提出的居间为行贿、受贿双方建立必要的双向联系这种标准可能是过于模糊的,甚至宽泛的,这可以看到我们对报告人所使用的具体的论据是否妥当也展开了激烈的讨论。

在论证方面,李世阳老师认为以实际获利认定犯罪数额的主张值得肯定,但是他强调从累积犯和原始股增值的特点出发展开论证,吴雨豪助理教授同样是从原始股与普通股票的差异入手,展开对于法官的补充论证。在我看来,这在一定程度上也是对论证不足的补充。

最后,"价格优"。我们可以注意到莫洪宪老师在最开始的时候,提到本届实务论坛具有跨年龄阶段、跨理论实务交流的特征。在本阶段的八位主持人中,有四位资深的法学教授,三位法学杂志或者知名出版社的编辑,一位资深法官,他们在主持中发表了自己对报告和评论意见的恰到好处的简短点评,这样的点评,特别是姚老师从编辑的视角提出的意见,对于报告人是大有意义的。这体现出前辈学者对包括报告人和评论人在内的青年刑法学者的提携。在自由讨论的过程中,同辈学者展开了激烈的学术交流,青年学者和青年实务工作者,包括一些年长的、有着丰富经验的实务工作者,进行了浪漫的理论和现实的实务之间的激烈碰撞,为包括青年学者、青年学子在内的广大听众提供了一个难得的现场交流和学术追星的机会,这方面刘心仪老师应该有深切的体会。

当然本届论坛我们也有所遗憾,比如,我们没有看到武汉的樱花,受制于旺盛的发言需求和有限的自由讨论时间之间的紧张关系,我们也没能给所有想要发言的人一个发言的机会,没能给报告人足够的回应时间。在我看来,这种遗憾是我们未来继续进步的动力,是我们从现场撤离之后继续展开线上交流的动力。正像陈兴良老师所说的,青年刑法学者和实务工作者要在未来携手并进,要立足于刑法的规定,结合司法解释、指导性案例,发展个罪的刑法教义学,实现贾宇会长所说的加强理论与实践互动的主张,继续推进莫老师所提到的跨年龄阶段、跨理论实务的深刻的学术交流。

以上是我对论坛后半阶段的总结,请大家多批评,谢谢。

主持人:蔡 颖

感谢袁国何老师精准的总结,他的总结让我觉得是在做实证研究。接下来进入闭幕致辞的环节。闭幕致辞环节的两位老师都是我的导师,所以我也感觉非常荣幸。首先有请北京大学法学院的车浩教授。

致辞人:车 浩

谢谢蔡颖。时间快到了,大家讲得这么精彩,我就简单说几句心里话。

首先,感谢武汉大学法学院的各位师生,感谢莫洪宪老师,在身体非常不舒服的情况下,仍然一直到现场,为我们的青年学者和本届论坛来"站台",让我们特别感动。感谢何荣功老师运筹帷幄的组织策划,感谢蔡颖老师还有陈金林老师、敬力嘉老师等诸多武汉大学法学院的师生同学。大家看到的穿绿色衣服的都是武汉大学法学院的同学,这几天你们是备极辛劳,让我们所有人在武汉大学校园里享受了两天的学术盛宴和非常舒服的精神上的放松。珞珈山下宜研讨,樱花大道好读书。这短短两天的经历已经让我们所有人有流连忘返的感觉,希望未来还能有机会再回到武汉大学的校园里,我提议,让我们用掌声感谢武汉大学法学院的师生。

其次,我想要感谢盈科律师事务所的梅向荣主任、赵春雨主任,还有今天特地来参加论坛发言的肖兴利律师和于靖民律师,以及多位参与论坛活动的盈科律师。你们不仅一如既往地为论坛提供物质食粮的支持,而且两位盈科律师的发言确实也对论坛进行了"感情投资",展现了法律职业共同体中律师的风采,所以我提议让我们用掌声向盈科律师事务所表示感谢。

最后,我要特别谢谢在场与会的所有老师和同学,在这么多编辑老师、实务界领导和专家,以及诸多学者的集体支持下,我们搭起了这个台子。而且更重要的是,这么多青年学者的精彩发言和评论,让我们看到了未来中国刑法学发展的希望。

我坐在下面,感受这两个半天的会议发言,心里是越听越开心,越听越高兴,感觉比自己做了好的发言还要激动。从报告、评论到最后的学术总结,我相信大家确实看到了刑法学青年老师的风采。刚才听马寅翔、袁国何两位老师总结的时候我就在想,这就叫作"沉舟侧畔千帆过,病树前头万木春"。虽然自己的年龄还远远不到"沉舟"和"病树"的程度，但是我确实看到了百舸争流、千帆竞发的盛景，这都是年轻老师的风采带给我们的享受。所以我提议，再次让我们用掌声向所有的青年老师致敬，为他们未来的光辉鼓掌。

祝贺论坛取得圆满成功，谢谢大家。

主持人：蔡　颖

感谢车浩老师的精彩致辞。接下来有请武汉大学法学院的何荣功教授致辞。

致辞人：何荣功

各位好！时间飞逝，论坛已经接近尾声。我作为承办方代表，再用5分钟时间作简单的总结。

一年有四季，春天是最美的季节；人的一生，青年是最美好的时光。在坐落于珞珈山下的中国最美大学之一的武汉大学，我们在春天迎来了第三届全国青年刑法学者实务论坛，可谓美美与共。本次会议有来自立法、司法、纪检、监察、律师、学术各界的人士，一百余人共聚一堂，共同探讨贿赂犯罪的理论与实务，是一次真正意义上的理论与实务比较完美的融合的会议。本届论坛有中国刑法学研究会的指导，有来自最高立法机关、司法机关，以及各级办案机关人员的参与，有贾宇会长、陈兴良老师、莫老师的鼓励，有白老师等中青年老师和学者、编辑老师的大力支持。这让我们的活动名副其实，更有质量和内涵。本届论坛，我们的法学院只是提供了舞台，真正的主角是我们"80后"

"90后"的青年学者。通过金林、春晓、徐然、凌波、少青、隗佳、珊珊、兵建、华伟、冠男、世阳、雨豪的发言,我们看到了我国刑法的新青年,看到了我们国家刑法学发展的未来。以蔡颖为代表的武汉大学刑法青年老师和朝气蓬勃的硕博士生们为本届论坛付出了辛勤的劳动,他们是武汉大学刑法的新青年,通过他们,我们看到了武汉大学刑法学发展的未来。

我们的会议也有不足和需要完善的地方。比如,在有些探讨中,理论和实务的结合有待提高,有的评论可能还有"感情投资",希望以后批评之声更浓烈一些;我们学校宾馆的接待能力有限,我们的食宿太简单,对此深表歉意;我们在设计主题发言环节时没有充分考虑纪检监察同志,也没有邀请他们发言,好在武汉市纪检监察系统的十几位同志积极参与了讨论,提出了很多高质量的问题,弥补了这一不足,也充分展示了武汉纪检监察系统人员的业务水平和能力,对你们表示衷心的感谢,谢谢你们。

美中不足是生活的常态,也是生命的常态,但美中不足也给我们留下了前进的动力和空间,所以虽然本届论坛有美中不足之处,但我觉得还是美的。尊敬的车浩教授,车浩兄,其实昨天我已经讲过了,你姓"车",在我们的文化语境中,"车"是前进的意思,衷心祝愿中国刑法学研究会在贾宇会长的领导下,在你的带领下,青年刑法学者论坛越办越好,为我们国家法治的高质量发展作出贡献。

感谢盈科律师事务所赵春雨主任的大力支持,本届论坛圆满结束。欢迎大家再来武汉大学,欢迎大家常来,谢谢!

后　记

　　第三届全国青年刑法学者实务论坛于 2023 年 4 月 15—16 日在武汉大学法学院 120 报告厅成功举办。本届论坛的报告、评议以及自由讨论等内容将由北京大学出版社结集出版。受车浩教授之邀，我很荣幸为本书撰写后记，作为承办方代表，借此机会简要地介绍一下本届论坛各方面的情况。

　　天高任鸟飞，小鸟的飞翔离不开天空的舞台。青年学者富有激情和理想，他们的成长需要舞台支持。车浩教授领衔的全国青年刑法学者实务论坛为青年学者打造一身专属的平台，让他们身居 C 位，尽情绽放光彩。本论坛符合当下国家大力推进创新发展新时代法学理论和实践研究、培养新时代法律人才的方针政策，契合武汉大学法学院特别是武汉大学刑法学科一贯的教学研究理念。因此，我在首届论坛筹办之初便代表武汉大学刑法学科向车浩教授表达了希望论坛落地武汉的想法，车浩教授也欣然同意。由于疫情等因素的影响，本届论坛举办时间有所推迟。而今疫情阴霾褪去，春暖花已开，论坛再次开启受到社会各界同仁的广泛关注。本届论坛我们邀请到来自全国人大、最高人民法院、最高人民检察院、《中国法学》期刊以及全国知名高校的领导、编辑老师、专家学者 100 余人与会,可谓"群贤毕至,少长咸集"。本届论坛的主题是"贿赂犯罪的理论与实务",具体包括"贿赂犯罪的罪与非罪"和"贿赂犯罪的特殊形态"两个单元。之所以选择该主题,主要考虑的是贿赂犯罪在当前出现了新形态、新情况,需要理论与实务界的共同深入研究,来更好地实现对贿赂犯罪的有效惩治。本届论坛时间定在美丽的春季,会议和住宿地点均在武汉大学校内,这主要是考虑到落英缤纷的校园不仅景色宜人而且有浓郁的学术氛围,相比校外的酒店会场更适合开展学术交流。美中不足的是校内宾馆接待能力有限,食宿都相对简单,而且会场容量有限,无法满足所有报名嘉宾的参会意愿,对这些我们都深表歉意,也感谢各位嘉宾的体谅。

  本届论坛的顺利举办,离不开各位领导、朋友和同仁的关心和鼎力支持。感谢贾宇会长对本届论坛的支持、指导以及对研讨成果的期待。感谢陈兴良教授开幕式致辞对论坛的祝福。感谢莫洪宪教授对论坛的勉励以及对大家到来的欢迎之情。感谢许永安主任、吴峤滨处长、于同志法官、竹莹莹检察官、程皓庭长、王世凯主任等来自全国各级立法、司法、执法部门的实务界精英为论坛贡献实践智慧,赋予论坛丰富的实践底蕴,使论坛真正实现了"理论和实践相结合"。感谢白岫云编审、田国宝编审、易明群主编、陈罗兰副主编、姚建龙所长、高巍教授、欧阳本祺院长、焦艳鹏教授、童德华教授、姜涛教授、张勇教授、郭泽强教授、王钢教授等来自出版界和学界的前辈、老师和专家,大家不辞辛劳为青年学者们的研究勉励鼓掌,构成了刑法学术传承中绚烂的风景线,激励青年学者不断前行。感谢马寅翔、陈珊珊、陈金林、李世阳、徐凌波、邹兵建、赵冠男、徐然、袁国何、陈少青、隗佳、马春晓、王华伟、吴雨豪、杨绪峰、肖兴利、于靖民等"刑法新青年"。他们的精彩发言展现了青年刑法学者的理想和锐气，为论坛注入青年活力，展现了论坛的青年特色。

武汉大学刑法学科的各位老师和同学为本届论坛付出了辛勤劳动，蔡颖老师带领的会务组同学身穿绿色卫衣，洋溢着青春穿梭在会场之中，展示出武汉大学"刑法新青年"的精神风貌。

"刑法新青年"在论坛中散发的光芒不仅需要被看见，更需要被记录。得益于北京大学出版社的支持，论坛实录得以整理成书。感谢杨玉洁老师一如既往的支持，感谢责编方尔埼老师细致而专业的编辑工作。感谢刘寅超、谭悦、陈莹等博士、硕士研究生在整理书稿、协助校对等工作上的辛苦付出。

饮水思源，本届论坛得以圆满举办和本书得以顺利出版，还要感谢为此提供资助的武汉大学马克昌法学基金会、北京市盈科律师事务所和赵春雨主任。全国青年刑法学者实务论坛融合理论与实务，托举青年刑法人才，现在已经成为国内标杆性的学术论坛，相信论坛的影响力还会不断扩大。衷心祝福全国青年刑法学者实务论坛越办越好！

何荣功

2024年5月于珞珈山